科技管理实践与创新

张　浩　汪士奇　陆海玲 ◎ 著

吉林科学技术出版社

图书在版编目（CIP）数据

科技管理实践与创新 / 张浩，汪士奇，陆海玲著
. -- 长春 ：吉林科学技术出版社，2023.7
ISBN 978-7-5744-0734-3

Ⅰ．①科… Ⅱ．①张… ②汪… ③陆… Ⅲ．①科学技
术管理－研究 Ⅳ．①F204

中国国家版本馆 CIP 数据核字 (2023) 第 153190 号

科技管理实践与创新

著	张　浩　汪士奇　陆海玲
出 版 人	宛　霞
责任编辑	赵海娇
封面设计	金熙腾达
制　版	金熙腾达
幅面尺寸	185mm×260mm
开　本	16
字　数	225 千字
印　张	10
印　数	1–1500 册
版　次	2023年7月第1版
印　次	2024年2月第1次印刷

出　版　吉林科学技术出版社
发　行　吉林科学技术出版社
地　址　长春市福祉大路5788号
邮　编　130118
发行部电话/传真　0431-81629529 81629530 81629531
　　　　　　　　　　81629532 81629533 81629534
储运部电话　0431-86059116
编辑部电话　0431-81629518
印　刷　三河市嵩川印刷有限公司

书　号　ISBN 978-7-5744-0734-3
定　价　60.00元

前　言

随着科技的进步，我国社会经济发展实现了质的飞跃，这充分体现了"科技是第一生产力"这一重要论断。科技管理是科技创新的有力保证，科学有效的科技管理有助于充分发挥出科技的效益。因此，新形势下，积极推动科技创新的同时，也应正确看待科技管理工作。

在我国，科研投入在总体经费中占比较大。科技资源配置涉及机构、政策、人才、资金、项目等要素，同时涉及创新任务目标制定、科技成果转化应用、信息共享等环节。加强科技管理，通过竞争、择优、定向等分配方式，确保科技资源在创新主体、领域、地区之间合理配置，构建"基础研究—应用研究—产品开发"的线性科技管理模式与既定范式，将进一步发挥科技创新作用，促进我国经济高质量发展。

本书是一本关于科技管理实践与创新方面研究的著作。全书首先对科技管理的概念进行简要概述，介绍了科学分类及特点、科技管理基本特点、科技管理中的辩证法等内容；其次对科技管理实践的相关问题进行梳理和分析，包括科技创新战略及其成果商业化过程、云计算智能管理系统的运用、公共服务的科技资源开放共享机制及科技管理制度中知识产权管理的实践等几个方面；最后就信息化发展评价方面进行探讨。本书论述严谨、结构合理、条理清晰，其能为当前科技管理实践与创新相关理论的深入研究提供借鉴。

本书参考了大量的相关文献资料，借鉴、引用了诸多专家、学者和教师的研究成果，其主要来源已在参考文献中列出，如有个别遗漏，恳请作者谅解并及时和我们联系。本书的写作得到很多领导与同事的支持和帮助，在此深表谢意。由于能力有限，时间仓促，虽极力丰富本书内容，力求著作的完美无瑕，仍难免有不妥与遗漏之处，恳请专家和读者指正。

作者

2023 年 3 月

目　录

第一章 科技管理概述

第一节 科学、技术、科技管理

科学技术管理（以下简称"科技管理"）和经济管理、行政管理一样，是一种重要的社会功能性活动。同时，科技管理还是一门有其特定的研究对象和研究内容的科学。科技管理学是软科学的一个重要分支，不仅研究领域十分广阔、研究内容十分丰富，而且随着科学技术的不断发展，其研究领域在不断拓展，研究内容也在不断地发生着变化。科技管理作为一门科学，从经典科技管理到现代科技管理，经历了一个漫长的发展过程。科技管理作为一种社会功能性活动，是一个涉及方方面面的复杂的系统工程。因此，为了不断提高科技管理的规范化、科学化水平，搞好现代科技管理工作，就要坚持运用马克思主义的唯物辩证法的观点和方法，运用现代科技管理的理论和方法，深入研究科技管理的基本特点，把握其基本规律，并依据国家有关方针政策，对科技事业发展中所遇到的各种各样的问题进行具体分析，然后采取切实有效的办法，妥善予以解决，以推动科技与经济、社会的协调发展。

科学、技术和科技管理，是现代科技管理学研究的主要内容，也是在开展科技管理工作时经常要遇到的问题。因此，搞清楚它们的基本概念及其主要内涵，从而正确地了解它们，准确地把握它们，对于提高科技管理水平，搞好科技管理工作是十分必要的。

一、科学

科学可分为自然科学和社会科学两大类。哲学则是自然科学和社会科学知识的概括和总结。

自然科学是人类对自然界（包括人类本身）的本质及其运动（发展变化）规律的认识的知识体系。

概括地讲，作为知识形态的科学，其任务是认识自然界物质的属性及其运动、变化的规律，着重回答"是什么""为什么"的问题，属于人类的精神财富。科学成果属于全人类，可以为任何国家和阶级所掌握与利用。科学知识是由科学的概念、定律、原理、定理、学说来系统表述的。科学知识具有客观真理性的特性，可以通过科学实验来验证。科学知识是科学活动的产物，是在生产实践和科学实验的基础上形成和不断发展着的动态系统。自然科学是一切知识的基础，可以变为直接的生产力，因而是推动经济发展和人类社会进步的革命性力量。

二、技术

概括地讲，技术是人类改造自然、创造人工自然环境的技术、方法和手段的总和。技术是一个历史的和发展着的概念。技术一词的内涵随着社会生产和科学的发展，在不断地发展着、充实着。在古代，技术多指手艺、技巧、本领、专长等。到了近代，技术一词的内涵不断扩充，除了指工具、机器、工艺之外，还包括组织管理方法、特种工艺技能和技术思想。当技术以"做什么""怎么做"为任务时，则与科学有着明显的区别。但是，到了当代，由于科学和技术的高度发展，科学技术化和技术科学化趋势日益明显，因而科学与技术就越来越不可分割地联系在一起，以至于可以把科学与技术结合为一体来使用，用"科学技术"一词来表述。当我们应用这一概念时，就认为科学技术是生产经验、技能和科学知识的物化或生产性与非生产性物质手段的统一，即科学技术体系。

科学技术体系，是各门科学与技术在其发展过程中，按其内在逻辑演化成纵横交错联系而又有层次结构的一个有机整体。科学技术体系的形成、发展是一个历史的过程。在古代，中国和西方都形成了有各自特色的科学技术体系。到了19世纪，这个体系趋于成熟与完整，形成了以经典物理学为中心的近代经典科学技术体系。在20世纪40年代以后，由于现代科学革命和技术革命的发生，以及二者的相互渗透、相互促进，逐步形成了科学与技术的一体化、综合化的发展态势，并终于促使现代科学体系与现代技术体系相互交融而形成了现代科学技术体系。科学技术体系的性质与特点，在于它的现实存在方式的客观性、整体性、发展性、继承性、层次结构性，以及学科之间的相互渗透性。一定时代的科学技术体系，既反映了该时代社会的整个科学技术能力与水平，也反映了人类对自然界认识的深度和广度。

三、科学技术管理

管理是一种社会功能性活动，即为了实现确定的目标，而不断进行计划、组织和控制的过程。管理学则是研究管理活动的基本规律及其一般方法的科学。

科技管理是按照科学技术自身的特点及其发展规律，运用管理科学即软科学的理论和方法，对科学技术活动和科学技术事业，进行领导、规划、组织与协调，以促进科技进步和经济、社会发展的社会功能性活动。那么，科技管理学就是运用软科学的基本理论和方法，研究科学技术活动与科学技术事业发展的规律及其组织与管理的科学。

科技管理学是在20世纪中期之后随着科学研究规模的不断扩大和科学技术的迅速发

展，在以前的研究者与管理者"二位一体"的管理体制和主要凭研究者的经验进行管理的基础上，逐步发展到管理者与研究者分离和主要凭管理学的理论与方法进行管理的阶段。到了20世纪60年代以后，现代管理科学即软科学开始在美、日等发达国家兴起并得到迅速发展。在我国，软科学是在20世纪70年代以后才逐步发展起来的。软科学的发展，加速了各层次领导决策科学化和管理现代化的进程。在这期间，软科学的发展，对提高科技管理水平有着巨大的推动作用。也正是在这种形势下，科技管理现代化的问题，摆到了科技管理干部的面前。这就要求科技管理干部，不但要懂得自然科学、社会科学，还要研究由自然科学和社会科学交叉而发展起来的软科学，以提高自身的综合素质和科技管理的现代化水平。

现代科技管理，是运用软科学的理论和方法，将现有的技术力量、研究发展（R&D）经费、科研设施与手段等科研资源，进行合理而科学的配置，有效地开展研发活动，积极地推动科技进步，有力地促进经济与社会发展的社会功能性活动。现代科技管理作为一门新学科，由于种种原因，在我国至今仍然发展得比较缓慢。正因为如此，在一定程度上，影响了我国科技事业，乃至经济与社会的发展。因此，迅速改变这种状况，提高我国的现代科技管理水平，是每一位科技管理干部义不容辞的历史责任。

四、科技管理的地位和作用

前面已经讲到，科技管理是为了发展科技事业而对科学研究和技术开发（也称技术创新）活动进行规划、指导、组织与协调的一种社会功能性活动。因此，可以概括地说，科技管理就是为了发展科技事业而开展的一系列社会活动。所以，科技管理的水平如何，其实际工作开展得如何，将直接影响科技事业的发展。现在，肯定科学技术是推动人类社会前进的革命性力量，是经济发展和社会进步的决定性因素，已经成为世人的共识。正因如此，我们党和国家才把科学技术的发展，放在了工业、农业和国防事业发展的前面。现在，我们国家又制定并实施了"科教兴国"战略。这都说明了我们党和国家对科学技术的重要性的认识是清醒的、正确的。由此也就不难看出，科技管理在整个社会活动中处于一个何等重要的地位了。

国内外的经验都已经证明，一个国家或地区的科技事业的发展状况，关键取决于广大科技人员的积极性和创造性的发挥。这是因为，科技人员不仅是科学技术的载体，而且是科学技术的创造者。所以，科技人员就是社会生产力中最积极、最具创造力的因素，因而又是推动经济发展和社会进步的中坚力量。因此，为了充分发挥广大科技人员的积极性和创造性，必须做好以下两方面的工作：首先，要为他们创造一个良好的软环境，使之感到自己的人格和知识得到了尊重，因而心情舒畅，精神振奋，从而决心展示其才华，发挥其潜能，实现其价值，成就一番事业；其次，要在尽可能地为他们提供足量的研发经费、研究设施与手段，并配备合适的辅助人员，即良好的工作条件的同时，为之提供一个较好的生活条件。很显然，上述两个方面的工作，都是科技管理工作最重要的内容。国内外的实践已经证明，上述工作做好了，就可以吸引人才、留住人才、用好人才，因而就可以保证科学研究和技术开发活动能够卓有成效地进行，就可以有力地推动科技事业的发展。否则，就必然导致相反的结果。事实上，这样的教训，在我国的不少地区，的确是够多的了。由此可见，搞好科技管理工作，对调动广大科技人员的积极性和创造性，推进科学研究和技术开发活动不断向深度和广度开展，从而有力地推动科技事业迅速而健康地发展，具有不可替代的重要作用。

五、科技管理的基本内容

科技管理涉及广阔的领域，有着丰富的内涵。概括地讲，科技管理和一般的行政管理、经济管理比较起来，其工作面要宽得多，涉及科学实验、生产实践和其他社会实践等人类的各种活动领域。就其具体内容而言，主要有以下几个方面：

1.研究、制定科技政策法规

研究制定科技政策法规，是科技管理工作一项最重要的内容，也是科技管理工作首要的和根本的任务。因此，要在调查研究的基础上，根据当时当地的实际需要，再依据党和国家的大政方针，研究制定有利于调动广大科技人员的积极性、有利于合理开发和综合利用国家或地区的科技资源的科技政策法规，以加速科技事业的发展，并保证科技与经济、社会的协调发展。

2.研究、编制并组织实施科技发展长远规划和年度计划

这是科技管理工作的基本内容之一。因此，就要依据国家的总体发展战略和规划（计划）的目标和任务，按照科学技术自身发展的要求与经济发展、社会进步对科技的需要，编制科技发展长远规划和年度计划，明确科技发展的长远的和近期的目标与任务。同时，要采取切实有效的措施，组织社会各方面的力量，特别是广大科技人员，去完成上述规划、计划中所规定的各项任务。

3.推进科技体制改革

为贯彻科学技术工作必须面向经济建设，经济建设必须依靠科学技术的方针，使科技管理体制适应科学技术和经济建设发展的需要，以其运行机制、组织结构、人事制度为主要内容，以科研活动为对象，以加强领导、明确责任、精简机构、提高效率为目标，不断改革管理科学技术事业的各种行政机构和运行机制。

4.科技成果管理

加强对科学研究和技术开发（R&D）成果的科学管理，对它们进行科学的评价和有效的保护，加速其向现实生产力的转化与推广应用，是科技管理工作的一项重要内容。因

此，要根据国家的有关政策法规，并借鉴发达国家的经验，切实做好以下几方面的工作：科技成果的技术鉴定（验收）与评定（价）、科技成果的登记与统计、科技成果奖励、科技保密、成果转化与应用；以科技成果的评定（价）与奖励为杠杆，调动广大科技人员搞发明创造的积极性，多出成果，出好成果，不断推动科技进步；认真贯彻国家《科学技术保密规定》，做好国家科技秘密和自主知识产权的保护工作，维护国家的利益和安全；以加速科技成果向现实生产力的转化与应用为落脚点，并依此推动经济发展和社会进步。

5.专利管理

认真贯彻《中华人民共和国专利法》，切实落实"一奖一酬"的规定，鼓励广大职工搞发明创造，积极研发、利用和保护具有自主知识产权的专利技术，不断推动企业的技术进步，提高其市场竞争能力。

6.开展科技外事活动

由于科学技术和社会生产发展的需要，全球经济一体化的趋势日益明显。这种形势，有利于促进资本、技术、知识等生产要素在全球范围内优化配置。这就给各个国家或地区提供了新的发展机遇，同时也提出了新的挑战。我们要抓住这个机遇，大力加强科技外事工作，积极开展与发达国家和地区的科技交流与合作，优势互补，取长补短，特别应该在引进先进的管理经验（办法）、技术（设备）及智力等方面多下功夫，并以"拿来主义+创造精神"的方针，做好对引进技术（设备、生产线）的消化、吸收和创新工作，实现在技术上的跨越式发展战略，达到后来居上的目标。

7.科技档案与科技信息管理

科技档案是科学技术活动的真实记录，是宝贵的科技资源。在科技档案的管理中，主要应做好如下三方面的工作：一是做好有保存价值的科技资料的及时整理与归档工作，以免造成散失；二是按照由专人集中、统一管理的原则，把科技档案管理好；三是积极开发利用科技档案资源，为发展科技与经济服务。

科技信息是科学技术发展状况的反映，是重要的科技资源。及时而又准确地做好科技信息的收集、整理、储存与传输工作，不仅可以为科技人员开展研发活动提供重要的参考资料，而且可以为有关领导及时了解国内外科技发展的状况和进行重要决策提供重要的咨询资料，特别是在人类进入信息化社会之后，科技信息工作就显得更加重要了。

8.科学技术普及工作

科学技术普及（以下简称科普）工作，是科技工作的一个重要的组成部分，搞好科普工作是科技管理工作的一个重要任务。在当代，一个国家或地区的科技文化水平，不仅体现在它所取得的科技成就上，而且还体现在其公民的科技文化素养上。科学技术的发展，既要依靠科学家和广大科技工作者不断攀登新的科技高峰，也有赖于公众对科学技术的理解、应用与支持。科普是以提高公众的科学文化素质为目的的科技传播活动。它的根本任务，是把人类已经掌握的科技知识和生产技能，以及从科学实践中总结并升华出来的科学思想、科学方法和科学精神，通过多种方式和途径，传播到社会的各个方面，为广大群众所了解、所掌握，以增强人们的科技意识，提高其认识自然和改造自然的能力，并帮助人们树立正确的世界观、人生观和价值观。因此，科普工作对于实现国家的现代化和民族的振兴有着十分重要的意义和作用。

所以，搞好科普工作，是科技管理工作中的一项重要任务。

9.技术市场和民营科技企业的管理

随着市场经济的不断发展和科技体制改革的不断深入，科研成果作为一种特殊的商品进入流通领域进行交流交易，并已形成相当规模的科技市场，民营科技企业迅速发展并已成为科学研究和技术开发活动的一支主力军。因此，按照国家《合同法》及有关规定，加强对技术市场和民营科技企业的管理，对于繁荣技术市场、加速民营科技企业的发展，推动科技、经济的发展，都有着重要的意义，因而要把它们作为科技管理工作的一个重要内容。

10.加强现代科技管理理论与方法的研究

现代科技管理学是一门新兴的正在发展着的科学。结合科技管理工作的实际，参考经典科技管理的理论，借鉴美、日等发达国家的经验，创造性地开展现代科技管理理论与方法的研究，丰富它的内容，推动它的发展，并最终建立具有中国特色的现代科技管理学的理论体系，这是提高我国现代科技管理水平、推动我国科技事业发展的需要。因此，开展现代科技管理理论与方法的研究，是科技管理工作的一个重要内容，也是科技管理部门和科技管理干部一项义不容辞的历史性责任。

11.加强科技管理干部队伍的建设

一个国家或地区的科技管理水平及其工作效率的高低，取决于其科技管理干部综合素质的高低。因此，采取切实有效的措施，加强科技管理干部队伍的建设，不断提高其综合素质，是搞好科技管理工作的首要问题。

六、科技管理的理论和方法

科技管理是一门内涵十分丰富的学问，是一门正在发展并走向成熟的新学科，是软科学的一个重要分支。它的理论基础是系统论、信息论和控制论。它除了采用运筹学的方法之外，主要是采用马克思主义的唯物辩证法。在开展科技管理工作的过程中，应根据其具体工作对象和内容，灵活运用系统论、信息论、控制论和运筹学，以及马克思主义的唯物辩证法，来分析问题、认识问题、解决问题，完成确定的任务，达到预期的目的。

下面就系统论、信息论、控制论与运筹学的基本内容及其在科技管理工作中的应用问题，做简要的说明。系统论（System Theory）是研究系统的一般模式、结构和规律的学问。系统论的核心是系统的整体观念。它是现在人们研究和解决科技、经济、社会发展中的一些重大问题时经常应用的一种理论。众所周知，科技管理工作，不仅是一个几乎涉及社会各个方面的工作，而且其影响因素还特别多。所以，科技管理工作，不管是从整体上来观察，还是从其所开展的每一项具体工作任务来分析，都是一个复杂的系统工程。因此，在开展科技管理工作时，应该自觉地运用这个理论来解决有关的问题。在此，我们所说的运用系统论，就是在开展科技管理工作的过程中，把一个工作任务或一个研究课题，看成一个由诸多要素（影响因素）组成的系统工程；组成系统的这些要素，又都是彼此互相联系、互相影响的。因此，就要根据系统的特点，即工作对象及内容的特点，从宏观和微观两个角度，来分析诸要素的性质、功能及其相互间的内在联系，研究该系统与其外部环境的联系，以及该系统运动变化的规律。然后，在此基础上，确定开展该项工作的主要步骤和应采取的主要措施，力求完成所规定的任务，达到预期的目的。

信息论（Information Theory）是研究信息的本质及其传输规律的科学。我们在这里所说的运用信息论，就是在科技管理工作中，运用它的理论与方法，为提高科技管理水平服务。为此，就不仅要从理论上去理解它、把握它，而且还要从技术上去理解它、把握它，从而更好地应用它。在科技管理工作中，不仅离不开信息，而且还通过了解和掌握有关的尽可能丰富而又真实可靠的信息，为分析形势、找出问题、明确任务、进行决策，提供重要而又科学的依据。因此，首要的问题就是要获得信息。为此，就要采用直接的和间接的两种方式，进行广泛而又深入的调查研究（包括有关文献资料的查阅和现实情况的调查），以尽可能充分地掌握有关的信息资料。然后通过对所得信息资料的整理和分析，认识引起事物发展变化的内在矛盾和基本规律，从而更准确地把握问题的实质。在此基础上，研究、确定解决问题的步骤和方案，为完成预定的工作任务创造条件。

控制论（Cybemetics）是研究各类系统的调节与控制规律的科学。控制论是在20世纪50年代末开始形成和发展起来的。它为描述、分析、综合、设计、预测等问题提供了系统的理论与方法。科技管理工作是一个相当复杂的系统工程。在开展科技管理工作的过程中，始终都离不开控制论。从某种意义上讲，科技管理是对科技事业发展的速度和规模、对科学研究和技术开发活动的深度和广度，进行组织、协调与控制的工作。因此，在开展科技管理工作中，在运用系统论和信息论的同时，还要运用控制论。就是说，要在对调查研究得来的信息资料进行系统分析的基础上，拿出解决问题或完成任务的方案或办法。一般来说，这样一个过程，就是研究如何综合利用相应的控制手段（包括组织管理手段、调剂与指挥权力），通过信息的变换、传输和反馈的作用，采取有效的组织协调，使系统的各个要素最佳匹配，协调一致，并以其自身的运动规律，按照人们预想的程序来进行，最终达到预期的目的，获得最佳的效果。这就是实行科学管理的最终目的。

运筹学（Operation Research）是运用数学工具和逻辑判断的方法，对管理对象进行统筹规划、做出决策的一门应用科学。它是近代应用数学的一个重要分支。其研究对象十分广泛，主要是把生产、管理等过程中的一些具有普遍意义的运筹问题，抽象为数学模型，然后用数学的方法加以解决。运筹学作为一门现代科学，很快就在世界上广泛推广应用了。运筹学的重要特点之一，就是它以整体最优为目标，从系统的观点出发，力图以最佳的方式解决该系统中的各种矛盾，即找出解决问题的最优解，从而为管理者、决策者提供最佳的运作方案。因此，可以把运筹学看成为一门优化技术，因为它可以为解决各类问题提供优化方案。科技管理工作，是一种涉及方面广、影响因素多的系统工程。因此，在开展科技管理工作的过程中，在对待一项重要工作或重大任务时，一定要坚持系统论的观点，并灵活运用运筹学的基本原理和方法，认真分析系统中各个过程的内在联系、各种要素及其在系统中的地位和作用，努力寻求一个使各个过程彼此协调、各种要素彼此最佳匹配的行动方案。大量实践证明，这对于顺利开展工作，出色完成任务，取得最佳效果，是至关重要的。

第二节　科学研究分类及成果特点

一、基础研究

"基础研究"一词，产生于20世纪中期之后，美国人万尼瓦尔·布什在致美国总统的报告《科学永无止境的前沿（边疆）》中，首次提出了"基础研究"一词，并对基础研究的性质与功能，提出了经典的观点：基础研究导致新知识最终不可避免地会得到实际应用，但是我们不可能预测它将会有什么具体的应用。现在，联合国教（育）科（学）文（化）组织和经济合作发展组织，对基础研究的概念，做出了如下的界定：基础研究主要是为了获得关于客观现象和可观察事实的基本原理的新知识所进行的实验性或理论性工作，而不以任何专门的或具体的应用或使用为目的。基础研究如果是有系统地朝着一个准确的目标进行，就称之为定向的；否则，就称之为非定向的。概括地说，基础研究是旨在揭示并阐明自然现象、特征及其规律的研究。

基础研究的方向是揭示和研究新的自然规律。基础研究的主要目的在于创造新的知识，获得新的科学发现。基础研究的成果，多为具有普遍性的原则、理论和定律，并以在较高水平的学术刊物（如：《自然》即Nature《科学》即Science等）上发表的论文为主要标志。现在，不少国家（我国亦是如此）已经把SCI（Science Citaion Index，科学引文索引，它是涵盖5000余种国际性权威学术刊物上发表的论文和引文的数据库）论文作为基础研究的重要评定标准。基础研究成果的科学价值是明显的，其实用价值有的较为明显，有的一时还看不出来，但这并不等于说它将来就无应用之处。基础研究的成果，可以扩大或加深人类对自然界（包括人类本身）的认识，改变人们的思维方式，甚至可以组建新的科学知识体系。基础研究在科学技术的发展中，具有知识的创新、积累和储备的作用，是新能源、新材料、新技术创造的理论源泉。一般来说，基础研究具有难度较大、周期较长、经费投入也较多的特点。但是，在科学技术高度发展的今天，基础研究也发生了新的变化，具有如下新的特点：①研究周期在缩短。由于人类知识宝库的内容更加丰富，从而为开展基础研究奠定了雄厚的基础；一些大型高精度科研基础设备、设施（如电子对撞机、超大型离子加速器等）的建成并投入使用，为开展基础研究创造了前所未有的有利条件。②基础研究对应用研究和开发研究的推动作用更加明显。如由联合国教科文组织实施的"人与生物圈计划研究"项目，就带动了环境工程等相关学科的研究。③多学科甚至多国家联合对重大科研课题进行攻关。比如由美、俄两国联合开展的宇航研究中的基础性课题，几乎包括了数、理、化、天、地、生等多学科的综合研究与应用。又如，由美、英、德、法、日、中六国联合开展的"人类基因组计划（绘制人类基因组序列工作草图）"，历时10年，耗资30亿美元，有1000多位科学家参与研究工作，终于完成了人体所有染色体上30亿个碱基对的排列顺序，绘就了"人类基因组序列工作框架图"，从而为最终确定人类基因组序列图奠定了基础，成了推动生命科学研究和生物工程产业发展的一个新的里程碑。

二、应用研究

应用研究是运用基础研究的成果，解决实际科学技术问题的科学原理研究，或者说是将新的科学发现转化为新技术的研究。应用研究有着明确的研究目标，是新技术成果产生的科研阶段。应用研究具有很强的针对性和实践性。应用研究在整个科学研究体系中，起着联系科学技术和生产的桥梁作用。一方面，它将基础研究成果转化为技术成果；另一方面，它为技术向现实生产力的转化（商品化、产业化）创造了条件或提供了可能。因此，应用研究是科学成果早日转化为现实生产力的关键环节。应用研究的成果，往往以技术发明、专利、样机等科研小试成果的形式出现，因而距其产业化还有一段路程，还需要由开发研究来实现这个最后的目标。一项重大的应用研究课题，不仅需要多种科学知识，而且还需要科研与生产单位的协作攻关。应用研究成果，通过在生产过程中的实际应用，又反馈回来，推动基础科学和技术科学的发展。

三、开发研究

开发研究，又称发展研究或技术发展。开发研究是把应用研究成果商品化即工业化批量生产的研究阶段。开发研究是在应用研究中验证了的科学原理、原则的指导下，以研制可以直接应用的新产品、新工艺、新技术、新材料等为主要目标。为此，在开发研究中，必须经过中间试验、工业性试验等阶段，以研究并确定工业化生产所必需的工艺技术条件（参数）和与之相配套的生产装备。这也正是开发研究所需要解决的技术问题。开发研究成功的主要标志是，它所完成的新产品经批量生产并投放市场后具有较强的竞争能力，它所研究成功的新技术、新工艺完全适合工业化生产的需要，它所研制成功的新装备能完全满足工业化生产的配套要求。总之，开发研究成果，是一种产品批量生产后具有较强市场竞争力的重要保证。所以，开发研究在整个科学研究体系中的作用是非常突出的。一般情况下，开发研究阶段所用的时间相对比较短，见效也比较快，但其所需要的人力、财力却是最多的。有统计资料表明，在发达国家里，从基础研究→应用研究→开发研究，投入的研究经费的比例是1：10：100。开发研究的成果，经生产实践应用后，反过来又可推动应用研究的发展。

从以上所述可以看出，基础研究、应用研究和开发研究，构成了整个科学研究体系，而且三者之间是互相衔接、互相促进、缺一不可的。一般说来，基础研究不能直接产生经济效益，但是它的成果具有长远的根本性的经济价值。这是因为，理论上的重大创新，往往可以引发技术上的重大突破，从而引起生产技术的重大变革，甚至开拓出新的产业。同时，基础研究成果具有重要的理论价值，它可以提高人们对自然界的认识，改变人们的思维方式。在历史上，在现实的生活中，这样的例子多得很。基础研究的成果，必须经过应用研究和开发研究阶段，才能转化为现实的生产力，产生应有的经济效益或社会效益。而应用研究和开发研究的不断深入和发展，不仅验证和实现了基础研究成果的价值，而且可以为基础研究的发展创造必要的物质条件和提出新的研究课题。因此，对一个国家或地区来讲，既要保证使基础研究、应用研究与开发研究同时发展，又要使三者之间保持一个适当比例，使之彼此协调、互相促进，以取得比较理想的效果；否则，厚此薄彼或顾此失彼，必将造成三者之间比例失调，互不衔接，直接影响到科技事业的正常发展，也必将对其经济与社会的发展产生不利的影响。

四、软科学研究

软科学是在20世纪60年代首先在美、日等发达国家发展起来的。软科学是由自然科学和社会科学的交叉、融合而发展起来的。关于软科学的定义，现在国内外说法不少，但还没有一个为世人所公认的确切的肯定意见。根据多年的研究，把软科学做如下定义似乎较为合适，即软科学是综合运用自然科学和社会科学的知识和工具，研究科技、经济、社会协调发展的规律，并为决策科学化和管理现代化服务的科学。软科学是科技管理学的理论基础。科技管理学则是软科学的一个重要分支。

软科学的研究成果有很多特点。概括起来讲，其主要特点有以下两个：一是其成果是以无形的知识形态出现的；二是其成果具有宏观指导作用。

软科学的研究成果和硬科学（即自然科学和工程科学）的研究成果一样，都是人类脑力劳动和体力劳动的结晶，都是有使用价值并能促进社会经济发展的宝贵财富。但是，软科学的研究成果和硬科学的研究成果比较起来，还有其明显的特点。软科学的研究成果不像硬科学的研究成果那样一般都表现为一种有形的器物或一项具体的技术，而是以文字、图表或数学模型等来表达的研究报告、考察报告、战略规划、区划、办法或方案等这些无形的知识形态的东西。

软科学的研究成果，作为一种综合的知识体系和思维工具，并以其科学性和可操作性，帮助人们特别是各级领导，去分析认识复杂多变的经济现象、社会现象及与科技、经济、社会发展有关的各种问题，并做出准确的鉴别和科学的判断，在更大的范围内和更高的层次上，进行科学化的决策和现代化的管理，从而以更有效的方式推动经济、社会的发展和科学技术的进步。软科学研究成果的这种能为多层次领导进行科学决策和实行现代科技管理提供科学依据和咨询服务，从而在广阔的领域里或庞大的系统中发挥宏观指导作用的功能，是任何一项硬科学的研究成果所不具备的。大量实践证明，即使是一项重大的硬科学研究成果，一般也只能在一个具体的、有限的范围内发挥作用。

第三节 科技管理的基本特点

一、全局性强

科学研究活动是人类社会活动的一个重要组成部分。科学技术是推动人类社会前进的革命性力量。因此，对科学技术活动实施组织与管理是一项十分重要的工作。国内外的大量实践证明，科技管理水平的高低，直接影响到一个国家或地区的科技事业的发展。而科技事业的发展，则又直接关系到其经济的发展与社会的进步。也就是说，为了早日实现工业、农业、国防、科学技术的现代化，其关键是要首先实现科学技术的现代化。因此，加速科技事业的发展，早日实现科学技术的现代化是摆在全国人民面前的首要任务。然而，实践告诉我们，要发展科技事业，就必须增强全国人民，特别是各级领导的科技意识，充分调动起广大科技人员从事发明创造的积极性。因为，没有领导的重视和支持，没有科技人员的积极性，什么发明创造和技术创新，什么科学技术现代化，都将是一句空话。我们知道，科技人员是科学技术的载体，又是科学技术的创造者。所以，问题的关键是要充分调动科技人员的积极性。而要想调动广大科技人员的积极性，就要靠正确的政策和行之有效的措施，给科技人员创造一个良好的工作与生活环境，保证他们全身心地投入到事业中去，发挥他们的聪明才智，实现其自身的价值，在科学研究、技术创新活动中，或者有所发现，或者有所发明，或者有所创造，从而成就一番事业，为推动科技进步做出应有的贡献。事实上，研究、制定并贯彻落实科技政策法规或办法，提高科技管理的现代化水平，这正是科技管理的首要任务。由此不难看出，加强科技管理，并不断提高其科学化、规范化水平，是一项至关重要的工作。但是，现在还有不少地区（单位）由于国家的科技政策和有关措施不落实，或者是一些地方性的科技政策不妥当，致使科技人员既没有一个良好的生活环境，也没有一个宽松的工作环境，就使得该地区（单位）的科技人员人心不稳，甚至远走高飞。可想而知，在这样的情况下，科技人员哪来的搞发明创造的积极性。

二、综合性强

科学研究和技术创新活动，是一种伴随着人类物质生产活动和社会前进步伐的重要的社会活动。在人类探索天体演化、生命起源、物种变化和环境变迁的规律的过程中，始终是由各种各样的科学技术活动为之扫除障碍、开辟道路的。在工农业生产、医药卫生、社会发展等领域里，从古代的原始状态，到今天的现代文明阶段，在其由低级向高级发展的整个过程中，各种各样的科学技术活动，为之提供了发展的原动力。在科学技术高度发展、人类社会更加文明的今天，科学技术更是渗透到人类的各种社会活动中。因此，科技管理的触角也就伸到了社会活动的各个领域。由此不难看出，以组织和管理科学技术研究活动、发展科学技术事业和推动人类社会不断进步为己任的科技管理工作，就像有的人说的那样，具有"上管天，下管地，中间管空气"的无所不管的职能。

以上是从宏观管理的角度而言的。就是从中观、微观管理的角度来说也是如此。比如，研究、制定科技政策、法规或办法，研究、编制科技发展长远规划和年度计划，重大科研攻关项目的选定与组织实施，企业技术创新工程的组织实施，科技成果的评定与奖励，科技成果的转化及其推广应用，科技干部队伍的培养与使用等，都是涉及多个方面、多种因素的系统工程。研究、编制一个地区的科技发展五年或十年规划就是一个几乎涵盖所有方面的系统工程。为了编制一个具有科学性、先进性、指导性和可操作性的科技发展长远规划，必须掌握翔实的资料，不仅要准确地把握本地区主要产业及社会公益事业的发展现状、存在问题及其影响因素、发展方向与发展重点，而且还要对本地区的自然资源和社会资源（如土地、矿产、生物、气候、水力、人口、科学技术等）的现状进行全面的调查与分析，从而确定其优势与劣势。在此基础上，还要进行纵向的和横向的对比研究，了解本地区和邻近兄弟地区近年来的发展情况，总结本地区的经验，借鉴兄弟地区的经验，从而为编制规划提供必需的背景材料。仅从以上所述就可以看出，在编制科技发展长远规划中，不仅将涉及科技问题、经济问题、生态环境与社会发展问题等，而且还将涉及与上述问题有关的诸多单位（部门）的组织协调问题等。很显然，编制科技发展长远规划，是一个具有高度综合性的工作。

综上所述，可以很容易地得出一个结论，具有很强的综合性是科技管理的又一个基本特点。

三、复杂性明显

科技管理和经济管理、行政管理等工作比较起来，在其工作面、工作对象、工作内容和工作方式等方面，更有其明显的复杂性。

就科技管理的工作面而言，涵盖了人类社会活动的所有领域。概括地讲，在城市，在农村。具体地讲，在工厂，在学校，在科研单位，在医疗卫生单位，在商店，在行政机关，等等。科技管理的工作涉及人类社会活动的各个方面，这要比经济管理、行政管理的工作面宽广得多，因而情况也就复杂得多。

科技管理工作的对象繁多，也是其复杂性的表现之一。由于科技管理的工作面宽广，其工作对象自然就繁多。广而言之，几乎涉及经济建设和社会发展中所有的科学研究和技术创新工作。具体而言，涉及工作在工业、农业、医药卫生、环境保护、科研与教育、行政机关等各条战线上的科技人员及其所开展的科学技术活动。

科技管理的工作内容十分丰富，同样地显现出其复杂性的特点。科技管理工作的内容，概括地讲，主要有以下几个方面：宣传、贯彻国家的科教兴国和可持续发展战略，并依据其基本要求，研究制定科技发展战略、长远规划等；宣传、贯彻国家关于发展科技事业的方针政策，并根据当地的具体实际，研究制订地方科技政策法规及科技体制改革方案；研究制订本地区科技发展年度计划、企业技术创新规划及其组织实施；科技三项费用（新产品试制、中间试验和科学研究补助费）的科学管理及其合理使用；科技成果的鉴定（验收）、评价（定）、奖励及其转化、应用工作；科学技术保密与科学技术档案管理；专利工作管理及专利技术开发；科学技术普及、科技人员的合理使用、培养（继续教育）与科技人才队伍建设；科技管理干部队伍的建设、现代科技管理的理论与方法的研究与应用；等等。由此不难看出，科技管理的确是一项内容丰富且十分复杂的工作。

要完成如此繁多而艰巨的科技管理任务，采取单一的或简单的工作方式是难以奏效的。实践告诉我们，要卓有成效地开展科技管理工作，必须根据不同的工作对象、不同的工作内容，采取不同的工作方式。一般来说，在科技管理工作中，采取的主要工作方式有如下三种：宏观管理与微观管理相结合、一般号召与个别指导相结合、点上示范与面上推广相结合。

科技管理是一种由政府科技主管部门实行的政府行为。在科技管理的各项工作中，可以说都需要使用宏观管理和微观管理相结合的工作方式。如宣传、贯彻国家的科技发展战略、方针政策，编制与实施科技发展长远规划、年度计划，科技成果的评定与奖励等，从整体上来说，都属于宏观管理的范畴。但是，在开展上述工作的过程中，有许多具体的组织协调工作。比如，在研究编制科技发展长远规划工作中，编制小组的组建及其成员的选定、编制工作步骤的确定、规划大纲的内容及有关资料的收集、分析与整理、规划文本的形成等，都是涉及许多单位或部门的工作，也都是很具体、很实际且技术性很强的工作，因而需要周密地组织和大量地调研及协调工作。又比如科技奖励工作，虽已有国家及地方的奖励条例或办法，但要具体组织开展一个地区或一个年度的奖励工作时，就有一系列的组织管理工作。评奖项目的申报、评奖材料的预审、评审专家队伍的组建、评奖原则及其标准的确定、评奖项目的评定、获奖项目的颁布、获奖证书及奖金的颁发等，都有大量具体的组织管理工作。因此，把宏观管理和微观管理适时而又有机地结合起来，是科技管理工作的基本工作方式之一。

在科技管理工作中，把一般号召和个别指导结合起来，也是其有效的工作方式之一。如前所说，科技管理工作是一项涉及面很广、内涵非常丰富的系统工程，因而它需要一支宏大的、综合素质较高的科技管理干部队伍。为了正常而有效地开展科技管理工作，使用一般号召与个别指导相结合的工作方式是可行的。用"一般号召"来广泛宣传、贯彻国家的科技发展战略及方针政策，部署科技工作，动员开展科学研究和技术创新活动，推动科技事业的发展。然而，工作不能只停留在"一般号召"上面，还必须用"具体指导"来加大工作的力度、深度和细度。如加速科技成果的转化工作，一方面，要广泛宣传《中华人民共和国促进科技成果转化法》，使大家知道此法的主要内容和要求，进一步增强科技意识，重视科技成果的转化工作；另一方面，要采取具体而有效的措施，比如集中人力、财力重点抓好若干个重大科技成果产业化示范项目，召开优秀科技成果推广会、举办科技成果交流交易会等，具体实施《中华人民共和国促进科技成果转化法》，促进科技成果向现实生产力的转化。

众所周知，榜样的力量是巨大的。在科技管理工作中，采用点上示范和面上推广相结合的形式，抓典型带一般，常常可以收到良好的效果。比如，在一个地区组织开展"创建全国科技工作先进县（市）区"的工作中，就应该先选择若干个科技、经济等基础条件较好的县（市）区进行试点，并帮助其具体开展"创先"工作。又如，在引进、推广农作物良种时，由于其受土壤、气候、水、肥和栽培、管理技术等各种因素的影响，所以不能一哄而上、一开始就大面积推广，必须先进行小块土地的试验示范；在小面积试种获得丰收的基础上，总结其经验，再向最讲实际的农民宣传，进行大面积推广。实践证明，这是推广农作物良种和先进的农作物栽培技术的唯一正确的方法。

综上所述，科技管理的确是一项工作面宽广、工作对象繁多、工作内容丰富、工作方式多样的工作。因此，具有明显的复杂性是科技管理的又一个比较突出的特点。

四、政策性强

科技管理工作，从宏观上讲是要解决科技与经济、社会协调发展的问题，从中观和微观上讲则是要解决科技事业发展过程中所遇到的各种各样的具体问题。大量实践证明，要想卓有成效地解决上述一系列问题，其关键是要正确地理解、掌握和运用国家的科技发展战略及有关的方针政策。只有这样，才能在工作时把握正确的方向，坚持正确的路线，采用科学的方法，采取有效的措施，从而取得良好的效果。因此，要想做好科技管理工作，首先要牢固树立政策观念，不断提高其政策水平。为此，必须做好如下三方面的工作：其一，是要认真贯彻国家的大政方针，积极实施"科教兴国"与"可持续发展"战略，并结合当地的具体实际，解决科技事业发展中所遇到的一些重大问题，理顺科技、经济、社会发展之间的关系，推动科技进步，促进经济与社会的发展；其二，是要认真贯彻国家和地方已有的关于科技工作的政策、法规或办法，切实解决好本地区科技事业发展中所出现的各种各样的具体问题，调动广大科技人员的积极性，促进科学研究和技术创新活动广泛而深入地开展；其三，是要根据当地科技事业发展的实际需要，按照上级有关政策的精神，适时地研究、制定具有地方特色的可操作性更强的科技政策法规或办法，以便更好地贯彻上级的方针政策，并不断提高其科技管理工作的规范化、科学化水平和工作效率。

另外，还应指出的是，在科技管理工作中，在认真贯彻国家的科技方针政策的同时，还应该熟悉并贯彻国家颁布的农业、工业等产业政策，使科学技术和产业发展紧密地结合起来。这是深入贯彻"经济建设必须依靠科学技术，科学技术工作必须面向经济建设"方针的需要。事实上，工业、农业和其他社会事业是科学技术大显威力的舞台，而科学技术则是推动工业、农业和其他社会事业发展的原动力。因此，使科学技术和经济建设与社会发展紧密地结合起来，并保持互相促进、协调发展的良好态势，这正是科技管理工作的重要内容之一，也是其根本任务之一。

在科技管理工作中，不管是宏观管理，还是微观管理，都必须以国家的有关政策法规为依据、做指导，来解决科技事业发展中所遇到的各种问题，以保证科技事业的健康发展；否则，必将使科技管理工作失去正确的方向和可靠的依托，走上错误的路线，丧失其应有的职能，最终导致其不仅是一事无成，还将给国家和人民的事业造成严重的损失。由此可见，国家的科技发展战略和有关的政策法规，是科技管理工作的生命线，一时一刻也不能离开。所以显而易见，政策性强无疑也是科技管理的一个重要的特点。

五、知识性强

科技管理虽然也属于政府职能部门的一种行政管理的范畴，但是由于它是由政府主管科技事业发展的职能部门行使的一种政府行为，因而不是一般意义上的行政管理，而是一种具有许多特点的行政管理。由于科技管理的主要内容是对科学研究和技术创新活动进行管理，所以它和一般的行政管理比较起来，具有一个明显的不同点，也是一个重要特点，就是其知识性特别强。

科技管理是一项面对多行业、多学科、多专业，甚至是面向各个学科领域的综合管理工作。比如，地方科技厅、局的科技管理工作，就是面向全社会、全方位的。工业、农业、科研、教育、医药卫生、市政建设、环境保护和软科学等各个行业、学科，都有科学研究与技术开发（R&D）问题，因而都有涉及科技管理的问题。面对如此众多的学科领域，要有效地开展管理工作，必须对上述学科领域的基本内容（如研究对象、研究重点及方法等）有所了解；否则，对它们一无所知或者知之甚少，是无法实施有针对性的科技管理的。很显然，这就要求从事科技管理工作的干部，更充分地认识到这一特点，使自己具有一专多能的知识结构，既对某一专业学科有比较全面而深入的了解，又对其他学科领域的内容及发展趋势也有所了解。实践证明，只有这样的科技管理干部，才能胜任科技管理工作。

同时，在科技管理工作中，在组织完成一些具体任务时，处处都需要有丰富的科技知识。比如，在编制科技发展长远规划时，就有必要了解当时国内外科技发展的概况，特别是在信息技术、新材料技术、生物工程技术、先进制造技术等方面的发展情况，并能紧密结合本地区科技发展的具体实际，做出正确的选择，确定适宜的发展重点，进行科学的规划和部署；在编制年度计划时，必须对申请立项的项目的技术上的先进性、经济上的合理性、实际上的可行性等进行审查，以便从中筛选并确定重大攻关项目；在科技成果的鉴（评）定与奖励时，必须能够比较准确地把握其技术上的创新性贡献及其技术难度、在涉足领域里的地位及其先进性、其实用价值或学术理论价值及其应用前景、尚存在的主要问题及改进意见等。在上述一系列实际工作中，作为一名科技管理干部，必须具有相应的科技知识或获取相关知识的本领，还应有自己的独到见解，因为只有这样才能独当一面地开展工作。

另外，还必须指出的是，在当代，科学技术飞速发展，日新月异。因此，科技知识的生产与积累及其向现实生产力转化的速度日益加快。对于这一点，每一个科技管理干部都应该有足够的认识，并不断充实、更新自己的科技知识，以适应工作的需要。

科学技术的发展（即科技知识的生产、积累、转化与更新）速度的确是越来越快。这种形势，为科技管理工作不断开拓新的领域和增加新的内容，提出了新的课题。因此，充分认识这种形势并适应它的需要，是一个摆在科技管理干部面前紧迫而艰巨的任务。为了更好地开展科技管理工作，就必须坚持不懈地学习新的科技知识，学习现代科技管理的理论和方法，不断提高其科技素质和现代科技管理水平。同时，还必须坚持理论联系实际的原则，注重研究出现的新情况，切实解决遇到的新问题，保证科技事业持续、健康地发展。

六、可变性大

马克思主义辩证法告诉我们，在自然界和人类社会的发展过程中，"稳定是相对的，变化则是绝对的"。在科技管理工作中，情况也是如此。比如，科技发展长远规划乃至年度计划中所规定的指标及相应的措施，在实施的过程中，一成不变的情况几乎是没有的。相反地，常常出现这样的情况，即在制订规划、计划时所确定的某些指标、任务或某些项目，在组织实施的过程中，总会由于受到某些自然的或人为的因素的影响，或者是超出了制订规划、计划时所留的余地，不能如期完成预定的最低目标；或者是提前完成了原定的目标任务。因而，原定的目标、任务要做必要的调整。虽然上述情况在经济管理、行政管理中也经常出现，但是在科技管理中则表现得尤为突出。仔细分析起来，这和各自所管理的对象和内容不同有很大关系。同时，这也是由科学研究和技术创新这种复杂的社会劳动的一些特点所决定的。

首先，科学研究和技术开发（R&D）活动，是一种探索性、创造性的活动，因而就有某种不确定性，甚至有失败的可能性（这就构成了某种风险性）。因此，科技发展长远规划、年度计划中的一些重大科研攻关项目，或一些重大科技成果产业化项目，在其实施过程中，有可能因为某种自然的或人为的因素的影响，出现意外的情况，其完成时间，或者会提前，或者要推迟。有时，甚至还要修改原定的目标任务，或者要追加某些必要的条件（如补充技术人员、增加科研经费等）。在这种情况下，必须对原定的规划、计划做相应的调整，以使之更加科学合理、切实可行。

其次，影响科技进步的因素很多。众所周知，科学技术的进步，是通过科学研究和技术创新活动的不断深入及其成果的不断转化为现实生产力来实现的。在这个比较长的过程中，常常会受到多种因素的影响。其中，有政治的、经济的、社会的等具有全局性的因素，也有组织管理、科研人员及其辅助人员的组成与配备、实验研究设施、经费安排、科研协作的组织及其以上科研要素是否最佳匹配等具体因素。另外，农业科研活动及其成果的转化应用，除了受上述多种因素影响之外，还要受气候、土壤等自然条件的影响。因此，在科学研究、技术创新及其成果转化、应用的过程中，常常出现一些新情况、新问题，是合乎规律的正常的现象。为此，就要充分发挥科技管理机构的职能作用和科技管理人员的能动作用，及时研究分析出现的新情况，妥善解决出现的新问题，因势利导，科学指导，科学组织，完成预定的任务。必要时，也应当机立断，修改、完善原定规划、计划中的某些指标或任务，既要保护科研人员的积极性，又要维护科技发展规划、计划的严肃性，保证国家任务的圆满完成。

最后，科学技术突飞猛进，日新月异。在这种形势下，"计划赶不上变化"的情况是经常发生的。在制订科技发展长远规划、年度计划时，尽管都尽可能地使之具有一定的超前性，而且其主要任务，特别是一些量化指标都留有一定的余地，但是在实施过程中，也会出现一些意想不到的新情况，或者是某些项目安排欠妥，甚至已经落后，或者是某些指标显得过于保守等。在这种情况下，必须对规划或计划中的一些明显不妥或已经不适应新形势需要的地方，特别是那些关系到国家（地区）经济命脉和安全的高新技术领域的攻关项目，一定要及时进行调整，重新安排，以保证规划、计划的科学性、先进性和可行性。

综上所述，我们可以清楚地看出，科技管理作为一门新兴的学科，既有其丰富的内涵，又有其鲜明的特点。根据对科技管理所涉及的领域、对象、内容及运作过程的分析，可以看出它至少具有全局性强、综合性强、复杂性明显、政策性强、知识性强和可变性大这六个基本特点。由此不难得出如下结论：科技管理绝非一个可有可无、无足轻重的工作岗位，而是一个事关大局的应该进一步加强的重要岗位；也绝不是一件简单肤浅、轻而易举的事情，而是一项既有相当难度，又有相当深度的光荣而艰巨的事业。因此，就要求从事此项工作的干部，首先，必须对此有一个正确的认识，能自觉意识到自己肩负的重要责任；其次，必须具有较高的综合素质，不仅要有很强的全局观念，而且要有较高的政策水平，同时还要有丰富的科技知识和发现问题、分析问题、解决问题的实际能力。为此，就要坚持不懈地学习国家的有关方针政策，学习科技知识，学习现代科技管理的理论和方法，并紧密结合自己的工作实际，认真研究，切实把握其基本特点。实践已经证明，只有这样，一个科技管理干部才能在其具体工作过程中，始终把握正确的方向，采用科学的方法，采取有效的措施，实现科学化、规范化和高效率的管理，出色地完成其所承担的各项任务。

第四节　科技管理中的辩证法

一、科学管理与经验管理

在开展科学研究和技术创新活动，发展科技事业的过程中，自始至终都伴随着一个组织管理问题。随着科学研究和技术创新活动的不断深入，科技事业将随之不断发展，其组织管理的规模不断扩大，难度不断增加，水平也不断提高。其间，已经走过了一个漫长的过程，而且这个过程永远不会完结。在这个过程中，科学研究和技术开发活动，从最初的研究者个人进行的而且多为单学科、单专业的比较简单、比较低级的研究与开发阶段，逐步发展到现在的多为研究人员群体（包括国家规模的研究群体和国际规模的研究群体）开展的跨学科、多专业的复杂而高级的研究与开发阶段。与此相应，科技管理活动也从最初的多为研究人员凭自身经验进行的（即研究者与管理者两位一体）、简单而又低级的管理体制开始，逐步发展到今天的由专职人员（即研究者与管理者分离）按照科学的理论和方法实施的复杂而高级的现代化管理阶段，其间同样经历了一个漫长的过程。

我们就应该深入研究并具体分析一下科学管理和经验管理的主要特点及其利弊，以便进一步认识并处理好二者的关系，从而自觉地坚持科学管理，坚决地摒弃经验管理，把科技管理工作提高到一个新的水平。

第一，科学管理和经验管理的理论与依据明显不同。众所周知，实施科技管理的理论与依据正确与否，是决定工作成败的基本前提。凭个人经验进行管理的，是把经验当理论、做依据，以为只有经验才是可靠的。但是，马克思主义的认识论告诉我们，人们的经验是对客观外界的感性认识。这种认识，只是一种感性认识，还没有上升到理性认识，即理论，因此就具有某种片面性和局限性。所以，经验并不等于理论。就是说，经验的东西，往往是对客观事物的外表的感知，因而是不深刻、不系统、不完整的，因此就不具有真理性；只有理性认识（即理论），才抓住了客观事物的本质及其发展变化的规律，因而才是深刻的、系统的、完整的，具有真理性的特点。因此，经验的东西常常是靠不住的，只有理论才能指导实践。

第二，科学管理和经验管理的决策程序明显不同。大量实践证明，决策正确与否是事业成败的关键。这一点，在科技管理工作中也不例外。决策是科技管理工作中最关键、最核心的问题。在开展科技管理工作中，比如，在科研计划管理、科技成果管理、科技人才的使用与培养等项工作中，在一些重大问题的决策上，实行科学管理和经验管理的人们，采取了完全不同的决策程序。

实行科学管理的，在进行决策时，首先，是对现实情况进行周密的调查研究，了解当前的形势和任务，熟悉工作中存在的主要问题；其次，根据国家的有关规定，并运用系统论、信息论、控制论和运筹学的理论与方法，紧密联系本地区、本单位的具体实际，制订出解决问题或完成任务的意见或方案；再次，或发动群众进行讨论，或组织专家进行可行性论证，听取大家的意见；最后，在民主讨论的基础上，集中群众的智慧，并从多种解决问题的方案中，选择出最佳的一种，由领导集体研究、拍板定案。这样的决策，是一个过程，有一套合理而严密的运作程序，体现了民主的作风和科学的精神，集中了群体的智慧。因此，这样的结果，就具有鲜明的民主性和科学性，因而是正确的。

那些实行经验管理的人在进行决策时，不进行现实情况的调查研究，也不发动群众讨论，甚至也不认真考虑国家的有关规定，仅凭一个人或少数几个人的经验，靠"拍脑袋"进行决策。由此可以看出，这样的决策，其运作程序过于简单，有些草率。很显然，面对科技管理这样一个复杂的系统工程，若采取如此简单而草率的决策办法，就难免导致重大决策的失误。

第三，科学管理和经验管理的效果明显不同。从以上简单的分析可以清楚地看出，在实行经验管理中，人为的因素对决策的影响很大。由于每个人的经历不同、文化程度不同，因而对客观事物的感悟能力也不同，所以就造成人们的经验有很大差异。另外，就某个人来讲，其时间和精力是有限的，不可能把自己分管工作所涉及的方方面面都亲身体验一番，即使是科技管理战线上的"老兵"也不例外。因此，人们的经验总有某种局限性。同时，还应该指出的是，人的经验还具有很强的时效性。在一个时期感受到的经验，在这个时期具有某种可借鉴的作用。但是，当人类社会已经发展到了一个新的历史时期时，由于客观事物发生了变化，出现了新情况，产生了新问题，所以原来的工作经验已经"老化"了，有些已经失效了。因此，时过境迁，就不能完全照老经验办事了。由此不难看出，仅凭经验实施管理，明显地缺乏科学性、规范性和时效性，因而就缺乏正确性。所以，凭经验实施管理，工作中难免出现失误，甚至导致巨大的损失。

在实行科学管理时，由于从决策到具体实施管理的过程中，不仅注重借鉴历史经验（含个人的经验），而且注重现实情况的调查与研究，更主要的是依据国家的有关方针政策和运用现代管理科学的理论和方法，所以其具体的工作计划、运作方案等受人为因素的影响就小，因而就更接近客观实际，更符合或更能体现科学研究活动和科技事业发展的规律。由此可见，实行科学管理，就明显地具有很强的科学性、规范性和时效性的特点。实践也已经证明，实行科学管理，使科技管理工作取得成效的把握性就大，出现失误的概率就小。就是说，实行科学管理，是使科技管理工作卓有成效地进行，并取得预期的积极效果的重要保证。

从以上的对比分析中可以看出，在开展科技管理工作的过程中，我们必须坚持辩证地思考问题，正确认识并处理好科学管理与经验管理的关系，既要学好用好国家的有关方针政策，学习、研究并运用现代科学管理的理论与方法，结合当时当地的实际情况，实行科学管理，又要注意认真总结经验，把经验当成财富，使感性认识升华到理性认识，从中悟出一些道理（规律）来，并以此来不断改进工作，提高科学管理水平。

众所周知，人的经验是宝贵的。经验可以使我们变得更聪明一些，可以为今后的工作提供借鉴，有某种指导作用。但是，由于自然界在不断发生变化，人类社会在不断进步，科学技术的发展更是日新月异，所以开展科技管理工作的大环境也在不断地发生变化。在这种形势下，不研究已经出现的新情况和产生的新问题，一味地照老经验办事，是十有八九要碰壁的，甚至还会碰破头皮。因此，我们要珍视经验，但不要经验主义；要实行科学管理，不要实行经验管理。

二、宏观管理与微观管理

在开展科技管理工作的过程中，由于涉及的具体内容、对象及其目标不同，常常需要采用不同的工作方式。概括地讲，经常采用的是宏观管理和微观管理这两种方式。

这里所说的宏观管理，是以战略的眼光，对统揽全局的工作或任务，从总体上进行规划、计划、组织和管理的过程。而微观管理则是以战术的眼光，对某一项或多项工作任务，具体地进行计划、组织和管理的过程。

在科技管理工作中，明确认识并正确处理宏观管理和微观管理的辩证关系，对于完成各项工作任务，不仅是十分重要的，而且是非常必需的。由于科技管理工作具有综合性、全局性和复杂性等特点，所以在开展具体工作时，必须根据不同的任务，灵活地或者采用宏观管理的方式，或者采用微观管理的方式，或者是把二者恰当地结合起来运用。

一般来说，在一个地区范围内，要普遍宣传贯彻国家有关发展科技事业的方针政策、编制科技发展长远规划、科技三项费用的安排与使用等项工作，由于其涉及范围广、影响作用大，应该主要采用宏观管理的方式来进行。比如，在宣传、贯彻国家的"科教兴国"和"可持续发展"战略及有关的方针政策时，就可以首先采取印发通知、召开会议、统一部署等形式，在广大干部群众中进行广泛宣传，以增强全地区人民，特别是各级领导干部的科技意识、环保意识和创新观念，动员广大人民群众，特别是科技人员积极开展科学研究和技术创新活动。然后，在此基础上，再根据当时当地的具体情况，辅以微观管理的方法，分层次、分部门、有重点地检查贯彻情况，并根据发现的问题，开展一些相应的工作，把国家的大政方针落到实处，见诸行动。

组织力量编制科技发展长远规划，这无疑也是主要的宏观管理工作。为了搞好此项规划工作，首先要组建一个由各业务部门有关领导参加的领导小组，并组建一个由各业务部门业务骨干参加的工作班子。接着，根据国家的总体要求，研究确定本地区规划的基本指导思想和原则。然后，就着手开展有关工作，比如，本地区基本情况的全面调查、有关背景材料的收集、整理与分析。在基本情况明了的基础上，按照国家的总体目标，研究确定本地区规划的主要目标、任务和措施等基本框架。由于上述工作都是涉及全局、影响巨大的工作，所以对科技主管部门来说，在组织开展此项工作中，虽然其中也伴有许多具体工作，但是从总体上来说，主要是宏观上的组织与管理工作。

实施宏观管理是科技管理中的一种重要的工作方式。通过宏观管理，解决科技事业发展中的重大问题，解决科学研究和技术创新活动的方向及其重点问题，解决在研发活动中技术力量、研发经费、科研手段及科研设施等科技资源，即科技发展的基本要素的优化配置问题，解决科技、经济、社会协调发展问题。因此，就必须从国家或地区的整体利益和实际情况出发，从贯彻"科教兴国"和"可持续发展"战略的高度，充分发挥宏观管理的调控作用，科学合理地配置现有的科技资源，重点组织一些关系到国家或地区发展前途和跨学科、跨专业、跨部门的重大科技攻关项目，争取在一些关键技术领域实现新的突破，从而为其产品结构与产业结构的调整、优化创造条件，为科技、经济与社会的持续健康发展创造条件。

在开展科技管理工作的过程中，与宏观管理相对应、相结合的是微观管理。这里所说的微观管理工作，主要是解决科技事业发展中所遇到的各种各样的具体问题。比如，在编制科技发展年度计划、组织实施重大科技攻关项目、组织重大科研成果产业化及企业技术创新活动等项工作中，常常会遇到许多具体而实际的问题。要解决这些问题，不仅需要组织协调有关部门、单位来解决，而且要具体地解决现有科技资源的合理开发利用问题；否则，上述项目的实施，或者是无法顺利进行，或者达不到预期的效果。在编制科技发展年度计划的过程中，就有一系列的具体工作要做。从向所属单位说明有关精神、具体要求以及如何申报科研项目，到申报材料的审阅和计划项目的初选等，都有很多具体组织管理工作。在此基础上，就要组织力量对经过初选的项目，按其技术难度、在同类研究中的先进性及其预期的经济效益或社会效益的大小等主要技术、经济指标，进行初步分类（一般分为重大、重点和一般三种）。同时，还要采取适当的形式，征求有关行业主管部门的意见。为了确保重大项目的先进性与可行性，还要组织同行专家进行科学论证。然后，把行业主管部门和专家论证的意见汇总起来，组织有关人员讨论，确定拟安排的科研计划项目并报请上级领导审批。其间，如有必要还应组织有关人员，去若干重大项目承担单位进行现场考察，进一步了解有关情况，为领导决策提供必要的依据。

以上扼要地说明了科研计划项目从申请到批准立项的全过程。在这个过程中，对科技计划主管部门及其主管干部来说，为了顺利完成上述一环扣一环的工作，必须做大量具体的组织、指导与管理工作。这些工作，主要是微观管理的工作。

又如，在组织小型会议对某项科技成果进行技术鉴定或验收时，科技成果管理部门首先要按照国家的有关规定，审查提供的技术资料是否完整、正确、规范；若发现不合要求的，还要提出修改补充的具体意见。接着就要研究确定聘请同行专家的数额及人选。在组织或主持召开技术鉴定或验收会议时，要确定科学而严密的议程，其中主要是：请专家听取有关报告、审查技术资料、展开讨论、形成并通过技术鉴定或验收意见。按照国家科技成果鉴定办法的要求，其意见既要客观、科学地肯定成绩，也要实事求是地指出不足及今后改进的意见。最后，是技术鉴定或验收证书的审批与颁发。

大量实践证明，要把一个科技成果的技术鉴定会或验收会开好，并不是一件轻而易举的事情。对于一个科技成果管理干部来说，只有把以上提到的几项工作都做好了，才能把一个技术鉴定会或验收会开成一个小型的学术研讨会，才能给该项成果下一个客观、公正而又恰如其分的评价结论，达到预期的目的。

仅从以上的实例就不难看出，在开展科技管理工作的整个过程中，既有用宏观管理的方式解决的问题，也有用微观管理的方式解决的问题。事实上，这两种主要的工作方式是缺一不可的。宏观管理和微观管理是相对而言的，在二者之间并没有一个绝对明显的界限。由于开展工作的地域范围和时期不同，即使是同一类的问题，解决的方式也可能不同。在实际工作中，为了完成一项重大任务或解决一个重大问题，常常是在工作的不同阶段，有时采用宏观管理的方式，有时采用微观管理的方式。因此，在这二者之间，存在着互为依存、互为补充的辩证关系。

三、眼前与长远

科学研究和技术创新活动（国际上统称为R&D活动），是一种创造性的复杂劳动，因而就不仅具有探索性和风险性的特点，而且从"种"到"收"有一个较长的"耕耘"的过程。大家知道，基础研究是一种周期长、耗资多且在短期内看不出其具体实用价值的研究活动。就是一般的应用研究和开发研究（如新产品研制、新技术研究、农作物新品种选育等），也不是"立竿见影"的，也需要一个过程，甚至需要一个较长的过程。比如，工业上要研制一种新产品可能需要半年、一年，甚至更长；农业上要培育出一个优良的新品种，可能需要3年、5年，甚至7～10年。研发活动的这些特点，在开展科技管理工作时，必须认真研究，慎重对待。另外，还应该看到，在当今世界，科学技术正在以前所未有的规模和速度飞快发展，而且科学技术的发展对经济的发展与社会进步的革命性影响更加明显，也更为深刻。这样一种新形势，不仅给科技管理工作增加了新的内容，也为之增加了新的难度。对于这一点，科技管理工作者必须有明确的认识。因为研究各类科学研究活动的基本特点和科学技术自身发展的规律，探索科学技术进步与经济、社会发展的辩证关系，这也正是科技管理学的重要内容之一。鉴于此种情况，为了卓有成效地开展科技管理工作，就要求科技管理工作者必须力求准确把握各类科学研究活动的特点，并根据科学技术自身发展的规律，坚持以发展的观点、长远的观点和全局的观点来观察问题、处理问题和部署工作。为此，一定要避免、克服由于目光短浅、急功近利而产生的急于求成、短期行为等浮躁现象，以免影响事业的持续健康发展。

经验告诉我们，在安排科研计划、开展研发活动时，一定要立足当前，放眼未来，既要根据当前的实际与可能，尽可能创造条件，争取在较短时间内，解决一批经济发展与社会进步中急需解决的科学技术问题，如企业的产品更新换代及其产品结构优化问题、重大科技成果产业化问题、农作物品种优化问题、生态环境保护问题等，又要坚持可持续发展战略，根据长远发展的需要，放长线钓大鱼，如产品、产业结构调整及其优化的需要、科学技术发展的需要等，适当安排一些周期长、难度大、投资多的大项目，以保证其经济、社会的持续健康发展。在这里，问题的关键是要处理好眼前与长远的关系。眼前与长远，看起来是相互矛盾的，实际上是辩证统一、互为依存、相互促进的。"眼前的"为"长远的"奠定基础，提供保证；"长远的"则为"眼前的"开拓新的发展领域，并为之持续、健康发展创造新的条件。因此，应该是立足眼前，兼顾长远，统筹安排，而不要把二者对立起来。

这样的指导思想，应该在具体的科技管理工作中体现出来。比如，在编制科技发展长远规划、年度计划时，就要努力处理好眼前与长远的矛盾关系。在选定科研计划项目，特别是重大科技攻关课题时，就既要立足眼前，又要兼顾长远，科学、合理地配置现有的科技资源（如科技人员、科研经费、科研设施和检测手段等），使之发挥最佳效用。对于那些当前在科技、经济、社会发展中急需解决而且有可能在较短时间内解决的科学技术问题，就要下决心集中人力、物力去解决。比如，要积极支持并帮助解决企业在新产品开发、新技术研究、新装备研制及保护生态环境等方面的技术创新活动中所遇到的科研经费及技术协作问题，以此来加快企业产品结构调整、优化的步伐，或增加其产品中的技术含量，从而提高其市场竞争能力。同时，还要安排适当的人力、物力、财力，去攻克一些具有前瞻性、原创性并有可能形成新的经济增长点的高新技术课题，从而为加速本地区产业结构调整、优化或发展新的产业，创造基础条件，提供全新的动力。

历史经验证明，"人无远虑，必有近忧"。在科技管理工作中也是如此。在本地区科技资源的开发与利用中，如果只顾眼前的利益（效益），不考虑长远的发展、长远的利益（效益），就必然造成如下的后果：或者是由于缺少原创性和自主知识产权的重大科技成果而受制于人影响科技事业的发展；或者是由于缺乏新的经济增长点，经济的发展没有后劲；或者是因竭泽而渔，为今后的发展埋下隐患，如资源枯竭、生态环境恶化等。实际上，这种只顾眼前，不虑长远的短期行为，常常是以牺牲国家和人民的长远利益为代价的，因而是不可取的。这种现象，目前在一些企业里，特别是在国有企业里，还是比较普遍地存在的。在组织企业开展技术创新活动中发现，一些企业的领导者认为，只要现在产品有销路，工人有工资可发，企业能维持，就拼设备，拼人力，搞生产，什么技术改造、新产品研制等技术创新活动，一则需要投入大量的人力、财力，二则在他任职的几年内还不一定能见到效果。有的企业，甚至制订科技主管部门从本地区经济、社会发展的全局需要出发，找上门去动员其开展技术创新活动，并表示可以帮助解决一部分补助经费和技术协作问题时，仍然缺乏应有的积极性。据调查，这样的企业目前在一些地区还不是少数。面对这种情况，科技管理部门有责任加大宣传力度，说明在科学技术迅猛发展、市场竞争日趋激烈、产品寿命越来越短的今天，那种抱着"守住现有摊子，不搞技术创新"的思想，是只顾眼下过得去，不求今后大发展的短期行为。事实上，如果不搞技术创新，现有的技术优势很快就会失去，而且没有了技术优势，企业就完了，就没有了明天，所以摊子就守不住了。不创业，守业不会天长地久；只有创业，才能守业，才会有新的发展。这是人类社会发展中的一条客观规律。因此，要教育这些企业的领导者，正确认识并处理好"眼前和长远"的辩证关系，使企业在市场竞争中求得生存和不断发展。

另外，还需要指出的是，在科技管理干部（包括科技人员）队伍的建设中，也应该处理好"眼前与长远"的关系。在这里，主要问题表现在如下两个方面：一方面是从领导的角度，多表现为重使用而轻培养。他们对下属的科技干部，只要眼下能担起工作担子，能较好地完成任务就行了。而对于他们综合素质的进一步提高、他们今后的进步和发展则很少考虑，有的甚至从不考虑。他们认为，在职干部的学习、提高是其个人的事，让组织上安排一定时间学习业务或送出去短期进修、培训，不仅要影响当前的工作，还要支付一定的学费。然而，他们不明白"磨刀不误砍柴工"的道理。当下属的科技人员的综合素质进一步提高之后，其科技管理水平必将进一步提高，其技术创新能力必将进一步提高，因而其工作效率也必将进一步提高。再说，作为领导，也有责任关心下属的进步和发展。因此，对领导来说，在如何用人的问题上，也应该正确处理眼前利益与长远利益的关系，既要大胆使用下属干部，使其充分发挥作用，完成当前任务；又要关心他们的进步和发展，为之创造学习、提高的机会和条件。比如，制订一个职工再教育计划，根据工作的总体安排分期分批地送他们到有关的高等院校，或采取其他形式进行短期培训，以提高其综合业务素质。实践证明，只有在这样的环境下，干群关系才会和谐，职工的积极性和创造性才能充分地发挥出来，因而各项工作才能完成得更好。另一方面，对科技管理干部（科技人员）来说，在加强其自身修养、提高水平方面，也应该处理好眼前与长远的关系。在科学技术迅猛发展的今天，科技知识老化的速度比过去任何时候都要快，因此，仅凭在学校时掌握的一点知识和技能，虽然可以应付一阵子，但是从长远发展的观点来说，这个"一阵子"是很快就会过去的。如果不坚持继续学习，给自己的脑袋"充电"，很快将会因为"饿脑袋"而胜任不了工作，即将变成被淘汰的对象。因此，在科技干部自身素质不断提高的过程中，也必须正确认识并认真处理好眼前与长远的辩证关系。一方面，要立足眼前，脚踏实地，积极主动地完成本职工作；另一方面，一定不要满足现状，因为满足眼前，就意味着放弃未来，就意味着落后。所以，还要放眼未来，树立远大的目标，争取在事业上有一个较大的发展。

从以上所述可以清楚地看出，在开展科技管理工作的过程中，一定要深刻认识、正确处理"眼前和长远"的辩证关系。对一个国家或地区来讲，要正确处理基础研究、应用研究、开发研究三者之间的关系，既要加强基础研究，为科技、经济的长远发展提供原动力，也要注重应用研究与开发研究，解决近期和眼前经济与社会发展中的重要技术问题。对一个企业来讲，一定要摆正开展研发活动或技术创新活动与当前生产的关系，必须从长远发展的战略高度，放眼未来，摒弃短期行为，把开展技术创新活动摆在首位，为企业的发展注入新的活力。在科技干部的使用与培养问题上，既要放手大胆使用，充分发挥他们的作用，又要热情地关心他们的进步与发展，切实做好继续教育工作。总之，我们必须从坚持可持续发展战略的高度，深刻认识并正确处理"眼前与长远"的辩证关系，不断提高现代科技管理水平。

四、重点与一般

前面已经讲过，科技管理是一个内涵十分丰富、涉及面相当广泛、具体工作又很多的系统工程。因此，在开展科技管理工作中，为了保证工作能进行得紧张有序、卓有成效，就必须坚持有所为、有所不为的原则。在一个时期内，在执行一项重大的任务时，一定要根据当时当地的具体情况，根据任务的轻重缓急，量力而行，确定一个或若干个工作重点，而不能不分主次，不分缓急，平分兵力。大量的实践已经证明，在开展工作时，如果是采取了前者，即工作中有重点，有一般，并集中人力、财力、物力，保证重点任务的完成，同时，组织适当的力量，兼顾一般工作，在通常情况下，都会收到比较好的效果，取得比较突出的成绩。反之，如果是采取了后者，就会因工作没有重点而失去工作重心，从而造成力量分散，平分秋色。这样，大家都忙于应付烦琐的日常工作，虽说也是一年忙到头，但到总结工作时，大家都一样，成绩平平，一般化，没什么比较突出的地方，说不出有什么特别值得认真总结的经验。如果一个单位或部门，成年累月地如此安排计划，开展工作，就会使职工们从年初忙到年末，但到半年或全年总结工作时，其成绩却总是平平的，没有什么突出的地方。那么，如此下去，几年之后恐怕就既无法向上级领导交差，也无法向广大群众交代了。很显然，这样的管理干部，就是平庸之辈；这样的领导干部就是平庸之才。事实上，现在在科技管理战线上工作的干部中，的确有一些是属于这种人的。这也正是造成这些地方科技管理水平低下，工作成绩不佳的重要原因之一。

为什么会出现这种情况呢？仔细分析其原因，主要是在这些科技管理干部的头脑里，缺少一种科学的思想方法——马克思主义的唯物辩证法。因此，在他们开展工作的时候，就缺少辩证的思维，就缺少科学的方法。现在，联系科技管理工作的实际，举两个例子来说明。大家知道，科研计划管理是科技管理工作的一个重要内容。在科研计划项目的选定及其组织实施的过程中，就存在着两种完全不同的做法。一种是按照马克思主义唯物辩证法的基本原理，在充分调查研究的基础上，根据本地区经济、社会发展的实际需要和科技资源（如科技人员、科研经费、科研设施等）状况，首先选定若干个（如3～5个或5～10个）对促进经济、社会发展有重大影响的或能培育新的经济增长点的高新技术研发项目或重大科技成果产业化项目，作为重大攻关课题，从科技三项费用及科技贷款方面给予重点扶持。同时，在组织实施科研计划项目时，选择那些综合素质较高、管理能力较强的管理干部，作为上述重点项目的项目负责人，负责这些项目的全程管理，及时协调解决其实施过程中出现的各种问题，确保项目能如期完成计划任务，达到预期的目的。在上述项目完成后，要认真进行总结，在充分肯定成绩的同时，也要实事求是地指出不足，要深入分析其成功的主要经验及存在问题的主要原因，并以此写出总结报告来。这样，不仅全面、正确地总结了重点工作，也为今后的工作提供了借鉴。

另外，在确定少数重点项目的同时，还要从人力、财力（主要是科技三项费用）上留下一部分，安排一批数量相对较大的一般性项目。那些虽然需要科研经费不多，但是又确实是某些行业或学科中技术上先进、实用价值又比较大的课题，特别是那些将来有可能形成本地区新的经济增长点的苗头项目，以及促进领导决策科学化与管理现代化的软科学研究项目，要尽可能地给予支持。对上述项目，也要明确专人负责，认真组织实施，使之结出应有的果实。实践已经证明，用少量的科研经费，适当安排一些很有价值的一般性项目，一方面可以推动面上的科研与技术创新活动的开展，另一方面则有意识地培育一些有发展前途的科研苗头项目，为将来的重点攻关创造条件。所以，即使是一般性的研发项目，只要选准了，抓好了，也可以收到丰硕的成果，也可以做到"金币落地有响声"，而不至于"泥牛入海无消息"。因此，绝不能只管"重点"而忽视"一般"。不能因为是一般性项目，就只管"种"，而不管"收"，科研计划一下达，科研经费一下拨，就放任自流了。这样，其结果就是科研计划落空，科研经费打水漂，给国家造成不应有的巨大损失。事实上，现在有些地区科研计划管理部门的工作就是这样。这种不正常的状况，应当迅速地改变过来。

五、点上示范与面上推广

在科技管理工作中，根据工作内容和所涉及对象的不同，应采取不同的工作方法或步骤。大量实践证明，采取"点上示范与面上推广"相结合，即抓典型带一般的工作方法，常常可以收到良好的效果。对那些拟在本地区大面积推广或开展的工作，如科技新成果的推广、创建科技示范乡（镇）、创建全国科技先进县（市）等重要活动，因考虑到科技工作的特点，一般应采取先搞试点，作出示范，在取得成功经验之后，再大面积推广或展开的办法。这样做，比较稳妥、扎实，可以避免在还不知道"山高水深"的情况下就一哄而上所带来的不应有的损失。比如，在科技成果的推广应用中，就应该如此。由于任何一项科技成果，都是在一个特定的环境中或条件下完成的，因而在其适宜范围或环境中，都有一定的局限性，即有一些特定的要求。工业方面的科技成果，由于在原材料选用、工艺技术选择、设备工装配备、操作人员技术水平等方面，都有特定的要求，所以在组织推广时，除了要完全弄清楚该项成果的特点及其应用条件之外，还必须先做小型试验，从中摸索出一套适宜在本企业工业化生产的相应条件，然后再投入大规模生产。事实上，因为有一个对引进成果消化、吸收和创新的过程，单靠模仿是不行的。许多企业的经验都证明，在引进、推广先进技术、产品工作中，凡是这样做了的，都取得了预想的良好效果；相反，凡是采用单纯的"拿来主义"，照猫画虎，常常要走一段弯路（即试验摸索过程）才能成功，甚至导致技术引进工作失败，造成巨大的损失。在现实生活中，这样的例子并不少见。

在开展其他的科技活动中，也应该根据活动的内容及其特点，酌情采取先搞点上示范，再到面上推广的办法，以比较稳妥的步骤取得预期的积极效果。比如，在组织企业开展技术创新活动中，必须考虑到影响企业技术创新工作的因素是很多的。其中，既有企业领导重视程度问题，也有企业技术力量强弱问题，还有企业是否具有较强的经济实力和较完善的研发设施问题等。因此，在组织开展此项活动中，一方面要广泛宣传企业应该成为技术创新的主体，技术创新是其在激烈的市场竞争中立于不败之地的根本保证，甚至是事关企业生死存亡的大问题。因为现在大多数企业的领导并没有真正认识到这一点，致使其技术创新活动还没有真正地开展起来。另一方面，也应该向企业说明，开展技术创新活动，必须在认真考虑自己的实际情况（如其经济实力、技术人员状况和必要的研发设施等）的同时，仔细分析市场竞争形势，并在此基础上，量力而行，选准技术创新的突破口。通过技术创新活动，研制新产品，研究新技术，以优化其产品结构或提高其产品质量，或降低其生产成本，提高其市场竞争能力。实践经验告诉我们，要想使企业的技术创新活动真正开展起来，仅靠下发文件、召开会议进行动员是很不够的，还必须做扎扎实实的工作。要在深入企业调查研究的基础上，选择若干个相对而言条件较好的企业，作为技术创新示范企业，并重点给予扶持，力争取得好的结果。然后，帮助他们总结经验，提高其开展技术创新活动的自觉性，并使其进一步明确技术创新的方向与重点以及今后进一步加强的措施。在这种情况下，就可以在这些企业召开现场会，宣传、推广他们的做法和经验，以推动其他企业的技术创新活动。

从以上所述可以清楚地看出，在开展科技管理工作中，积极而又灵活地采用"点上示范与面上推广"相结合的工作方法，并正确处理"点"与"面"之间的既互相区别，又互相联系的辩证关系，既符合新生事物由小到大、由点到面的发展规律，又符合马克思主义关于人们认识客观事物由感性认识到理性认识的认识论，因而是科学的、正确的。

六、继承与创新

科学技术的发展是后来人在先人们所做出的开创性的贡献的基础上，不断进行继承与创新的过程。就是说，是后来人在继承前人研究成果的基础上，在更广阔的领域里，在更深入的层面上，不断进行新的研究，从而以其新的发现、新的发明、新的创造等研究成果，继续推动科技进步的过程。通俗地说，科学技术的发展，就像田径运动场上的接力赛跑一样，后来的人接过前面的人的接力棒继续前进。它和田径接力赛不同的是，田径接力赛有终点，但科学研究的接力赛却永远没有终点。科学技术的发展，永远不会停止在一个水平线上。这是因为，自然界是在不断发展变化的，人类社会也是在不断发展变化的，因而探索与认识自然界和人类社会的发展变化规律的科学研究，无疑也是不断发展的。因此，在科学技术管理的活动中，必须不断地学习、不断地进步。

　　科技管理是在科研管理的基础上逐步发展起来的。科研管理是从19世纪末在欧美地区产生了独立的科学研究机构并使科研管理者与研究者从二位一体变为二者分离之后才逐步发展起来的。到了20世纪中期前后，由于科学技术有了很大的发展，科学研究的规模与组织形式发生了巨大变化，并开始向一个大的群体，乃至国家规模发展，特别是研制原子弹、氢弹、人造卫星、宇宙飞船等尖端科学技术研究，具有高度的综合性、复杂性，需要投入巨大的人力、财力和物力，因而给科技管理工作增加了新的内容和难度。正是这种"大科学"的出现，向科研管理者提出了新的更高的要求，因而就为现代科技管理学的产生和发展创造了条件。尤其是到了20世纪中期以后，由于信息科学、生命科学、材料科学等一系列高新技术的迅猛发展，跨专业、跨学科、跨地区、跨国家的一些更大规模的科学研究活动普遍开展，这就为现代科技管理学的发展，奠定了更坚实的基础，开辟了更广阔的领域。

　　从以上所述不难看出，现代科技管理学就是随着科学技术研究活动不断地向广度、深度发展的过程，通过不断地在继承原有的比较简单的科研管理理论与方法的同时，又不断地改进、完善并日趋成熟起来的。这就是一个不断地继承与创新的过程。在我们的实际工作中，为了组织开展科学研究和技术创新活动，常常会遇到各种各样的问题。为了解决这些问题并在其过程中不断提高科技管理水平，就不仅要认真学习、运用现在被世人公认的比较科学的科技管理理论与方法，而且还要结合当前的工作实际，特别要根据自己的实践经验，善于运用马克思主义的唯物辩证法，对所面临的问题（即矛盾）进行具体分析，并从中找出规律性的东西（即使感性认识上升到理性认识理论），以便更深刻地认识它们，要准确地把握它们，从而妥善地解决它们。这样，就既学习、吸收了前人所创造的科学的东西，又进行了创新，有了自己的东西。于是，后来的人这个"学生"，就超过了前面的人这个"老师"。事实上，在人类文明进步的过程中，在科学技术的发展过程中，学生超过老师才是正常的、合乎事物发展规律的现象。否则，后来的人总是当不如"老师"的"学生"，就是说一代不如一代，那么人类社会又怎么会进步呢？科学技术又如何发展呢？由此可见，正确认识和科学处理继承和创新的关系，是多么重要的事情。对科技管理这门新兴科学来讲，就更是如此了。在科技管理工作中，在运用前人或他人所创造的现代科技管理学理论与方法的同时，结合自己的工作实际，大胆地创新、发展现代科技管理学的理论和方法，正是摆在当代科技管理者面前的一个重要任务，也是科技管理干部应该肩负的历史责任。

　　在此还应指出的是，在组织开展科学研究、技术创新及其成果的技术鉴定、评估等一系列工作中，也必须正确认识和处理继承与创新的辩证关系。前人的研究成果，是开展新的科学研究和技术创新的基础。也就是说，现在开展的科学研究和技术创新，是以往的研发活动的继续。从实质上讲，开展一项新的课题研究，就是综合运用其涉足领域里现在已有的研究成果（包括科技知识和研究手段等），去实现科学或技术上的某种新的突破，即做出某种创造性的贡献，从而获得某种新的研发成果。因此，在制订科研计划、筛选科研课题时，首先必须审查其选题的背景材料，了解该领域目前国内外的发展状况。在这里，不仅要了解别的同行已经做了哪些研究工作，取得了什么样的成果，而且还要了解同行现在所关注而又亟待解决的研究课题是什么，目前又都在哪些方面开展研究工作。然后，就要仔细审查其开展该项研究的主要依据和基本条件。即审查其理论依据、技术路线、主要研发手段及其打算在什么地方取得技（学）术上的新突破等。通过以上审查，搞清楚开展该项课题研究的必要性、可行性、可能性和先进性。换句话说，通过以上审查，搞清楚该项课题在继承与创新方面的基本内容。这样，就为最终选定科研课题提供了充分的依据。

在科技成果的技术鉴定或评估中，同样需要正确认识并处理好继承与创新的辩证关系。为了客观、公正地评价一项科技成果，首先就要审查其技术总结报告中的综述部分，即其涉足领域里国内外的发展现状，以确定该项研究的背景及其所处的地位。然后，就要全面审查其技术总结报告及其有关的技术资料，搞清楚其依据什么基本原理（即继承或利用了他人的何种研究成果），采用何种技术路线，在技（学）术上的创造性贡献（即本项研究的主要创新点）是什么等。通过以上诸项审查，就可以弄清楚该项研究是如何综合运用（即继承）前人的研究成果的，又是如何开展创造性的研究探索活动的，因而在哪些（个）方面做出了新的贡献；或者是对前人的研究成果进行了改进和完善；或者是对前人的研究成果进行了重要修正，甚至否定；或者是做出了一种全新的创造与发明。这样，就搞清楚了该项研究到底继承了什么、创新了什么。在此基础上，就可以科学地确定该项研究成果的先进性、学（技）术意义及其实用价值。

从以上所述可以清楚地看出，在科技管理工作中，不论是科技管理的理论与方法，即科技管理学本身，还是科研计划管理、科技成果管理等业务工作，都涉及继承与创新的问题。因此，为了不断提高现代科技管理水平，出色地完成各项任务，必须正确地认识和处理继承与创新之间既相互依存又相互矛盾的辩证关系。继承与创新是相对而言的。没有继承，就谈不上创新；没有创新，也无所谓继承。继承是对前人的成果进行分析、扬弃的过程；而创新则是利用前人的成果，在科学研究的新的领域或新的层面上，进行开拓进取、标新立异的过程。就是说，继承的目的是为了利用，是为了创新。继承，是创新的前提，是创新的基础；创新，则是为了发展，为了与时俱进。这就要求我们在开展工作的过程中，既要尊重前人的研究成果，又不要盲目地相信他们，而要敢于想前人没有想过的事情，敢于做前人没有做过的工作；既要诚心诚意地学习、借鉴前人的研究成果，又不要墨守成规，拘泥于前人的成果，而要善于在应用中发现其不足，并大胆地进行创新。只有持这样的态度，才能当好前面的人这个"老师"的"学生"，继往开来，不断丰富现代科技管理学的内容，为不断发展现代科技管理学的理论与方法做出自己的贡献。只有持这样的态度，才能不断提高自己的现代科技管理水平，才能出色地完成其所承担的各项任务，为推动科技事业的发展做出应有的贡献。

　　此外，科技管理中的辩证法还有数量与质量、精神与物质、理论与实际、成绩与不足、主要与次要等。这十个矛盾关系是运用马克思主义的唯物辩证法的观点和方法，对科技管理过程中的一些问题进行观察与分析的结果。这十个矛盾关系，是科技管理整个过程中诸多矛盾（问题）的集中和概括。实践证明，在实施现代科技管理的过程中，如能针对不同的工作对象、内容及其特点，具体分析问题的性质和矛盾的焦点，并着力抓住主要矛盾和矛盾的主要方面，采取正确的对策和措施，一般都会使问题得到比较妥善的解决，使工作得以顺利进行，保证取得比较理想的效果；反之，在工作千头万绪，情况复杂多变的科技管理过程中，思路不清楚，观点不正确，方法不科学，又不分轻重，不看缓急，不论主次，其结果必然是管理粗放，效率低下，甚至劳而无功。因此，为充分发挥科技管理工作在保证科技事业健康发展，促进科技与经济、社会协调发展中的重要社会功能，科技管理战线上的人员一定要努力学习马克思主义的唯物辩证法，并以此为武器，科学分析、正确认识、妥善解决科技管理工作中的各种各样的矛盾（问题），不断提高其现代科技管理水平。

第二章　科技创新战略及其成果商业化过程

第一节　科技创新战略概述

一、技术领先战略

制定、实施技术领先战略的条件是：拥有领先的科技研究开发能力，具有包括人力、财力在内的支撑条件，具备营销和技术成果商业化的环境。具备技术领先能力的企业在市场竞争、制定价格、企业并购和塑造品牌等方面都拥有很大的优势。当然，企业需要在研究开发上加大投入，储备相当的研发资源并提升研发资源配置的效率。发达国家及其企业的技术创新战略并不都是技术领先战略。发达国家也有技术不领先的行业和企业，发达国家的企业也有技术不领先的领域和产品；反之，发展中国家也有技术领先的产业、企业、领域和产品。

二、引进消化吸收战略

和技术领先战略不一样，技术及其技术创新实力较低的产业和企业，在多数情况下实行的是引进消化吸收战略。这一战略中的"引进"，是指引进技术和技术设备；引进技术又包括购买专有技术、专利、技术图纸、有偿技术转让等，可以称之为引进"软技术"，在我国一些技术引进经费中，这种引进方式所占比例越来越大；引进设备是购买蕴含技术的关键设备、成套设备和生产线，可以称之为引进"硬设备"。"消化吸收"就是组织技术团队研究引进技术或设备，在掌握对方技术的基础上，进行技术改造、技术改进甚至产生技术发明。既然人才是技术引进的关键之一，因而，引进人才是更为有效的引进。广义地说，模仿战略也是一种引进消化吸收战略。引进消化吸收战略就是所谓的"后发制人"战略。

关于引进技术的选择，一个重要问题是市场需求什么。就中国这样一个发展中大国来说，市场需求的不一定都是高技术，可能更需要"中间技术""适用技术"和"累进技术"。当然在经济全球化的今天，技术引进还应当考虑到国际经济分工和世界范围的产业结构调整的问题。所以，在战略层面，引进技术战略又是受企业整体战略及其科技发展战略支配的；在操作层面，如何引进技术要注意技术市场的动态，要密切关注包括专利文献在内的技术信息。至于解决"重引进轻消化吸收"的问题，除了加强政府的协调功能和提高消化吸收的投入力度（包括人力、财力）这两点之外，强化政府部门和企业在技术引进方面的"反腐倡廉"也是不容忽视的。

三、技术跨越战略

能够实行技术跨越战略，这实际上就是科技发展因果链的必然结果。科技发展导致科技进步，科技进步的必然后果是后来者居上。技术跨越是可能发生的，当然也是有条件的。

技术跨越战略不仅可以在发达国家中实施，更多地应当是在发展中国家实施。它是后发国家追赶先发国家的一种理想战略。"技术跨越发展是在借鉴发达国家发展经验的基础上，集成自主创新和国外先进技术，跨越技术发展的某些阶段，直接应用、开发新技术和新产品，进而形成优势产业，提高国家的综合国力和国家竞争力"。

作为产业技术跨越的标准，有一种界定认为，一是看市场份额，要成为市场的领先者；二是看其技术能力，要具有一定的技术领导力。成功的技术跨越还都有这样的支撑条件：政府的支持，包括制定政策、组织协调和制度安排等。西方国家能在18世纪后使经济迅速发展，一个关键因素是这些国家长期制度安排为之打下了坚实的基础——开放的市场经济体制和科技体制；人力、财力资源的合理配置使之形成了相当的自主创新能力和产业竞争力；技术跨越领域及方式的选择。

特别是对于今天，当中国已经成为世界第二大经济体，成为世界第二大研发经费支出国，我国已经有比以往更多的产业、企业和科研开发机构，在一些项目上具备技术跨越的条件。当然，实施技术跨越战略要与后续的商业化、产业化相联系，与增强经济实力和国力相联系。以求整体效率、效益最佳。

四、"官产学研"战略

我国实行"产学研合作"战略及其政策已有多年，其实这一战略应当改称"官产学研"或"官产学"（广义的"学"也包括"研"）战略，因为政府这一角色相当重要。以北京为例，北京市科委在所谓"科技成果转化'北京模式'"的探索中，摸索出一套"全链条、全要素、全社会"的科技成果转化模式。"全链条"是指科技成果转化从基础研究、应用研究到试验开发，经过中间试验，实现商业化和产业化的全过程；"全要素"是指科技成果转化过程涉及成果、资金、人才、信息、管理、政策载体、基础设施和试生产要素等；

"全社会"是指科技成果转化的主体包括企业、政府、大学、研究机构、金融机构和中介机构等。以"绿色制版技术产业化"为例,从"全链条"看,包括制版耗材、制版软件、制版设备、市场应用等链条。北京市科委组织研发团队与北大方正公司在制版软件开发和营销网络建设方面合作;在制版设备方面与北人印刷公司合作,与北京市一些有实力的印刷厂合作。从"全要素"看,北京市科委积极为绿色制版技术产业化提供政府财政科技经费和科技成果入股等政策措施,并协调联想集团共同投资形成新的实体,保证这一项目有足够的资金投入。同时,政府还在高技术认定、人才落户、知识产权保护等方面提供后勤保障。从"全社会"看,由政府出面,联合联想投资、联想控股、北大方正、北人印刷、北京日报社印刷厂等企业,共同支持新成立了中科纳新印刷技术有限公司,作为"绿色制版技术产业化"的企业主体。

五、制定科技创新战略的方法

上述"技术领先战略""技术跨越战略""引进技术消化吸收战略"和"产学研合作战略"(也即今天的"产学研用战略"),都是制定科技创新战略的方法。

研究和制定行业、企业微观层面的发展战略的方法有:"技术—市场—管理三坐标法",即分析"市场联系"(顾客的需要、营销和销售渠道)、"技术基础"(基础技术、产品开发、质量控制)和"管理和控制"(绩效评估、人力资源和智力资本开发)组成的三个维度,是一种建立三者动态关联的方法;企业业务组合矩阵法,因此法为波士顿咨询集团(Boston Consulting Group,BCG)开发,又称BCG矩阵法,由预计的增长率和市场份额组成矩阵的纵横轴,形成"现金牛"(低增长,高市场份额)、"明星"(高增长,高市场份额)、"问题"(高增长,低市场份额)、"瘦狗"(低增长,低市场份额)四个象限,为企业提供一种分析对于性质不同的业务,如何配置资源的方法;价值链分析法,分析顾客购买企业产品的价值是如何由设计、采购、生产、销售和服务等系列活动所形成的;"五力模型法",由美国哈佛商学院教授波特开发,用于分析一个企业是如何在五种力量——潜在的进入者、供应方、买方或客户、替代品和产业中竞争对手——的竞争中选择自己的发展路径,等等。

此外,管理科学中的"目标管理"、"标杆管理"(分为内部标杆管理、竞争标杆管理、职能标杆管理和流程标杆管理)、"有限理性决策模型"(即以"满意决策"代替"最佳决策",决策过程由情报,设计,抉择和审查四阶段组成)、"差异化战略"、"成本领先战略"都可以与科技创新战略相结合,组合成适合本单位的新战略。至于能用于科技创新战略制定的定性和定量的管理工具那就更多了。

第二节　科技创新与成果商业化

管理活动是一个过程，按照"过程管理学派"的观点，计划、组织、领导和控制是所有管理的四个职能活动。从过程管理的角度考察科学技术的创新活动，可以帮助我们从时间和空间两个方面分析科技创新的特点。从纯逻辑的形态考察，科技创新过程可以展示为：基础研究—应用研究—试验开发—科技成果商业化。但是从实际发生的过程来看，科技创新过程可以看作是其间各种要素"全通道式"（即任何两个要素都产生互动）相互作用的一个科技和经济的"联动网络"。

正是在科技成果的商业化阶段，科技活动和经济活动、商业活动密切交叉，特别是在营销阶段，中介、广告的进入，使创新系统的要素增加了一些新的要素。管理职能中的"领导"职能需要注入或培育善于沟通的能力，与多方"联动"，向自己不熟悉的领域、业务学习。

一、科技创新的概念、分类与过程

（一）科技创新的概念

1.科学技术活动

科学技术创新是一个大概念。它是指科学技术活动中的创新。由于科技统计对科技活动的分类有很强的规定性和规范作用，所以，可以从世界上权威的科技统计及其指标体系来了解科技活动、科技创新的概念、分类。

从联合国教科文组织（UNESCO）基于科技统计的分类，把科学技术活动分为三大类：研究开发（R&D，包括基础研究、应用研究和试验开发）、第三阶段科技教育与培训（包括专科高等教育以上直至研究生教育，以及科学家和工程师组织的终身培训）、科技服务（包括科技信息服务，科技咨询服务，科技传播服务，地质、水文、天文、气象的一般性考察和观察，科技的标准、测试、计量和质量控制，同专利、特许有关的活动）。这三类科技活动中，研究开发（R&D）全部都是创新性和创造性活动，也正是因为这个原因，多数国家的科技统计只有R&D统计。

我国的科技统计，在经过研究之后，于20世纪90年代初，将联合国教科文组织的定义和分类与中国的国情相结合，规定我国的科技活动包括研究开发、研究开发成果的应用和科技服务三类活动。国家统计局从1992年开始发布我国的研究开发统计数据，开始与国际分类标准接轨。

权威统计部门对科技指标的定义之所以成为规范，是因为只有依据他们的统计结果，才可以进行国际比较，各级决策者才有了定量的决策基础，各级各类管理者才有统一的管理标准。

2.研究开发（Research And Experiment Development，R&D）

研究开发是"为增加知识的总量，以及运用这些知识去创造新的应用而进行的系统的、创造性的工作"。其中的基础研究"主要是为获得关于现象和可观察的事实的基本原理的新知识而进行的实验性或理论性工作，它不以任何专门或特定的应用或使用为目的"。应用研究"也是为获得新的知识而进行的创造性的研究，它主要针对某一特定的实际目的或目标"。如果要细分的话，应用研究还可以分为应用基础研究和应用技术研究，前者属于科学研究范畴（在国外也有称之为"战略研究"或"定向基础研究"的），后者属于技术研究范畴。试验开发"利用从研究和/或实际经验获得的现有知识，为生产新的材料、产品和装置、建立新的工艺、系统和服务，以及对已生产和建立的上述各项进行实质性的改进，而进行的系统性工作"。

例如，物理学中的相对论及其质能关系公式是一项基础研究的成果，基于此而进行的原子能核裂变的研究就是应用研究，而根据上述研究成果进行的原子能发电或研制原子弹的工作就是试验开发活动。再如，生物学中的双螺旋模型研究就是基础研究，基于此的遗传工程研究就是应用研究，根据上述成果进行的转基因食品的研究就是试验开发活动。当然，今天科技的发展使得某些学科领域的基础研究和应用研究之间、应用研究与试验开发之间的界限不是那么清晰了。

3.技术创新

技术创新，如果仅从线性过程来分析，它是从研究开发中的部分应用研究（即应用技术研究）开始，经试验开发，到新产品的试销、营销，使之成为商品的这样一个过程，而不应当包括研究开发中的基础研究和应用研究中的应用基础研究。因而，技术创新是一个科技与经济活动密切作用的过程。我国比较多的专著认为，技术创新是指由技术的新构思，经过应用研究、试验开发或技术组合，形成新产品、新工艺，直至商业化的全过程。

如果技术创新是这样一种科技活动与经济活动的相互作用，成功的技术创新不会不包括与之相关的组织创新、管理创新和制度创新。

技术创新既然是以科技成果的商业化为归结，它与仅仅是技术活动的技术发明有区别。从过程来看，技术发明只是技术创新过程的一个阶段。

4.科技创新

综上所述，科学创新包括基础研究和应用基础研究的创新，技术创新包括应用技术研究、试验发展和技术成果商业化的创新。而科学技术创新就是科学创新和技术创新两部分的总和。如果从线性过程这个简化的逻辑程序来看，科技创新就是从基础研究—应用研究—试验开发—研究开发成果的商业化的全过程。当然，实际的进程要复杂得多，科技创新是上述各组成要素之间的全通道式相互作用过程。例如，还可以有如下的要素的相互作用：客户对新产品的意见反馈给企业的开发机构，促使后者通过改进而推出更新的产品；企业的开发机构从其他企业的产品或广告等来源产生新的创意、概念进行产品创新；在IT和生物领域，从定向基础研究成果直接开发新产品；应用研究成果对基础研究的"反求工程"产生的新的思想和创意；等等。

（二）技术创新的分类

科学创新仅指基础研究和应用基础研究的创新，过程相对简单；而技术创新不仅包括应用技术研究、试验开发（含中间试验和部分试生产），以及新产品的试制和试销，直至新产品的商业化，而且面对科技人员、营销人员、供应商、顾客和金融服务人员，特别是在这个创新过程中上述人员和机构的相互作用，构成了一个复杂的创新网络，其中发生多向的交互作用。所以，对于科技创新的分类，我们一般仅指技术创新的分类。

技术创新的分类，可以从创新程度、创新体现的对象等角度进行分类。

1.按创新程度分类，可以有原质性创新和渐进性创新

原质性创新是指在实质上全局突破的技术创新。例如，移动电话之于固定电话，CDMA（码分多址）制式的手机之于GPS（全球定位系统）制式的手机就属于原质性创新。渐进性创新是指局部改进的技术创新。例如，添加免提功能、重拨功能的固定电话就属于渐进性创新。

2.按创新体现的对象分类，可以有产品创新和工艺创新

产品创新的结果是产生了新产品，这种新产品或具有新原理、构思和设计，或采用新的原材料，或具有新的性能、功能，或有新的用途和市场需求。工艺创新是指在生产技术活动中的操作程序、方式方法和改造体系。如果说产品创新体现的对象是结果的话，那么，工艺创新体现的对象就是过程。当然，产品创新和工艺创新又都有各自的原质性创新和渐进性创新。产品创新好理解，诸如电话、电视机、洗衣机等。工艺创新，例如金属冶炼过程中的火法冶炼、湿法冶炼和电解法冶炼等。

（三）技术创新的过程

1.从创新要素的相互作用看技术创新过程

学术界目前一般认为技术创新的过程，经历了五代发展模式：①线性过程中的技术推动模式；②线性过程中的市场需求拉动模式；③市场与技术交互作用模式；④多创新要素之间的链环模式；⑤创新要素的一体化模式。其中，技术推动和市场拉动模式的流程分别如下：

技术推动模式：新技术—研究开发—生产—营销和商业化。市场需求拉动模式：市场需求—研究开发—生产—营销和商业化。

实际上，第四代的多创新要素之间的链环模式和第五代的创新要素的一体化模式，都是对第三代模式的一种扩展。创新者意识到，技术创新实际上不会只是创新要素的线性作用，而是一种相互作用，把创新要素扩展为超过市场拉动、技术推动两种要素，这种相互作用就是多创新要素之间的链环模式。当创新者把集成的思想引入到第四代模式中时，就扩展成为创新要素的一体化模式了。

2.从技术创新的时间序列看创新过程

时间序列可以从两个角度去考察，一是从创新过程的稳定性考察；二是从产品的生命周期考察。

前者是美国哈佛大学的阿伯纳西教授和麻省理工学院的厄特巴克教授将技术创新频率与创新稳定性之间建立的一种规律性关系，又称A-U创新模型。在创新初期的不稳定阶段，产品创新的频率很高，随着时间推移，创新经过过渡阶段和稳定阶段，其创新频率逐渐下降。工艺创新则不同，在创新初期的不稳定阶段，工艺创新的频率较低，因为工艺过程的特点是，只有在产品创新达到一定程度后，才会导致设备设施和方式方法上的革新和改进。因而工艺创新的频率从不稳定阶段经过渡阶段，其创新频率逐渐增多，在稳定阶段出现前一般达到高峰。而在稳定阶段，无论是产品创新还是工艺创新，都呈几近停止的状态，也可以看作是另一波创新的酝酿期。

3.从产品的生命周期看技术创新过程

产品的生命周期可以分为引入期、发展期、成熟期和衰退期四个时期。

引入期内，产品创新从新产品的研制和销售开始，直至在销售曲线上上升到拐点为止。这表明新产品比其他同类产品性能优越这一点已开始被市场接受。在引入期里，新产品与市场的沟通导致研究开发工作的有针对性地改进，生产规模不大。

发展期，产品创新趋于稳定，工艺创新开始展开，产品销售数量逐渐增加，因而有可能降低成本。由于大批量生产已经开始，设计就要定型，就要采用专用设备，因而工艺创新就占据了重要位置。

成熟期，产品销量已经稳定，产品创新和工艺创新进入新的酝酿阶段，创新数量很少。竞争的焦点是价格和服务。

衰退期，竞争集中在营销策略方面，降价销售、产品服务，或者寻找新的市场。同时，研究开发开始进行新的产品创新，直至旧产品退出市场。

4.二次创新

在产品生命周期的成熟或衰退期，出于对竞争或市场反馈的一种回应，对创新产品进行二次创新，以此延长新产品的发展期、成熟期，是很有价值的一种创新。

二次创新的途径较多，可以是对引进技术的消化吸收，可以从顾客反馈的信息中得到启示，也可以从竞争产品那里学习、模仿，还有就是对自身产品创新在逻辑上的一种改进和再创造。二次创新可以充分挖掘自身的创新能力，具有连续性、时效性和经济性等特性，特别值得发展中国家采纳。

二、研究开发：基础研究，应用研究，试验开发

（一）基础研究

基础研究既然是对客观世界的认识，研究的动力是出自研究人员的好奇心驱动，其研究性质是探求发现新事实、规律，寻求现象之间的内在联系，这种研究就与市场没有联系。基础研究的成果就是公开发表的论文著作，而且是以优先发表来判定研究成果的优先权的。对基础研究成果的评价，是由学术共同体的承认或者是同行评审来体现的。由于基础研究的上述特点，显然，从事基础研究的人员，相对于应用研究和试验发展要少，但质量要高。研究经费的总量要比应用研究和试验开发少，但基础研究人员由于水平较高，其人均研究经费应当较高。其"好奇心驱动"的特点也要求其研究组织的结构应具弹性，研究组织的管理和气氛更多一些民主成分，工作的自由度相对较大。

就基础研究的组织而言，一般来说，大学都是基础研究的基地之一。研究机构当中，中国科学院、美国的国家实验室、俄罗斯科学院、法国国家科研中心、德国的马普学会、澳大利亚联邦科学与工业研究组织、日本的理化学研究所等都是世界著名的从事基础研究的机构。

资助基础研究的机构和部门，各国都是以政府部门为主。半官方的国家科学基金会也是主要资助部门。少数企业也资助或从事基础研究，例如美国的贝尔实验室等产业实验室。

（二）应用研究

由于应用研究同时包含了科学研究和技术创新的部分，为了界限明确，有时将应用研究细分为应用基础研究和应用技术研究两类。前者是针对具体的实际目标，为获得原理性新知识（规律、机理）而进行的创造性研究；后者是针对具体的实际目标，为获得技术性新知识而进行的创造性研究。

（三）试验开发

试验开发由于是利用从科学研究或实际经验获得的现有知识，为生产新材料、产品和装置，建立新工艺、系统和服务，以及对已生产和已建立的上述各项进行实质性改进，

而进行的系统性工作，所以，其规模和复杂程度以及资源配置都要超过基础研究和应用研究。

试验开发活动的基地是中间试验（Pilot Plant）工厂或车间，对实验室成果进行放大试验，对中试产品进行试制和试销。试验开发以后，是新产品、新工艺将进入试生产阶段，在进行了商业化的营销运作后使新产品成为新商品，完成了整个技术的创新过程。

因而，在试验开发阶段，技术人员、管理人员、营销人员和市场、顾客的接触日益频繁。一部分市场或顾客的反馈就会在试验开发阶段，通过试验开发人员的改进创新出新的产品。所以，从技术成果商业化的角度看，试验开发这个阶段是很重要的。

试验开发阶段的经费投入是很大的。在研究开发经费支出中，一般来说，试验开发经费支出占整个研究开发经费支出的比例在60% ~ 70%左右。

（四）研究开发的作用

由于研究开发包含基础研究、应用研究和试验开发三个不同而又有联系的阶段，所以其作用是多方面的。质言之，基础研究重在认识世界，应用研究、试验开发重在改造世界。

促进科学和技术的发展。科学是关于客观世界的发展和人的精神活动的规律的知识体系，也是人类追求世界客观规律的精神活动；技术是人类在利用自然、改造自然的过程中积累起来并在生产劳动中体现出来的经验和知识。技术是科学知识的具体化、实用化。任何技术都应用了一定的科学知识。同时，技术也是实践经验的科学概括。狭义的技术指工程技术，是指根据科学知识和生产实践经验发展而形成的各种工艺操作方法和技能。科学技术的发展有其内在的规律性。研究开发作为科学技术中的创造性、创新性活动，是科学技术的核心。所以，研究开发的进展是推动科技进步的内在动力。

从改造世界的角度来看，研究开发是科技成果商业化的主要推动力，是企业获得技术能力的主要途径，是获得经济效益的根本，是提升企业竞争力乃至国家竞争力的源泉，当然就是企业生存与发展的基础。

从认识论的角度来看，研究开发活动是人类认识世界（包括人的精神世界）最有力的武器和工具，是完善人的精神活动和物质活动的主要形式。

从逻辑关系看，基础研究不仅是研究开发和创新的基础与源泉，而且也是产生高技术商品的基础和源泉。其成果不仅对科技活动，而且对经济和社会发展都有十分重要的作用并产生重大影响。

同样的实例还可以举出不少，诸如物理学的相对论和原子能之间的关系，分子生物学DNA双螺旋模型和基因工程、转基因食品之间的关系，等等，不一而足。当然，基础研究成果转化为新商品，要经过应用研究、试验开发和成果商业化（市场营销）等阶段的发展整合，是一个系统工程；但作为这个过程源头的基础研究，其作用是决定性的。

（五）研究开发的创造性

研究开发的创造性从过程来看，是从创造性思维开始的。关于创造性思维，有这样几种有代表性的看法：创造性思维就是想象力；创造性思维就是理解力与分析力的综合；创造性思维是理解力与想象力的统一，前者是形式逻辑的体现，后者是审美逻辑的体现。还有把创造性思维归结为直觉的，这可以以科学家爱因斯坦为代表。

我们更倾向于把创造性思维看作是想象力与直觉的连接。所谓想象力就是把看似无关而实则相关的现象进行必然性的连接能力，而直觉就是对现象进行本质连接的顿悟。

产生想象力和直觉的前提是你对所研究问题的长期专注的探索，近乎思想的饱和，然后是一段时间的思想放松，身心松弛，但长期积累的研究使你会于下意识之中萌生想象力和直觉。既然是想象力，你的知识越丰富、越广博，产生想象和联想的空间和可能性就越大。

关于创造性方法，已有不少专著论述，诸如头脑风暴法、思想实验法、排列组合法、类比分析法等。但在我们看来，这些方法于创造性思维的萌生大概只能小有帮助。真正起作用的是"长期专注研究加短暂身心松弛"，辅以博识和交流。

三、技术创新的风险与机会

对于风险，可以有这样的总体把握：一方面，高收益、高风险是企业技术创新的显著特征，创新的程度越高，不确定性就越大，相应的风险就越大。因此，对技术创新的风险进行科学的、系统的管理，可以使企业以最小的成本获得最大的保障，对企业的创新管理具有十分重要的意义。另一方面，风险的另一面就是机会。优秀管理者的核心竞争力就在于，能够将风险转化为机会。所以，风险是客观存在的，不仅不要害怕风险，而要善于识别风险，化风险为机会。

所谓风险，根据美国项目管理学会（Project Management Institute，PMI）的定义，是指正面或负面影响项目内容的不确定事件或条件。技术创新风险即指技术创新过程中的不确定事件或条件，它的发生将对技术创新项目的目标产生积极或消极的影响。可能产生积极影响的事件称为机会，可能产生消极影响的事件称为威胁（或危机）。企业如果不能识别出不确定的事件或条件，对技术创新项目的风险进行后续的分析和采取对策也就无法进行。因此，识别风险（Risk Identification）是企业对风险进行管理的第一步，初期对风险识别得越完全，就越有可能发挥风险管理的作用，从而为企业尽可能避免损失或争取更大的利润。

风险识别是风险管理中的第一步，也是一项具有挑战性的任务，对风险的识别是一种对将来不确定事件的预测，任何企业都不可能识别出100%的风险。但企业可以运用各种方法，包括专家评审法（Expert Interviews）、头脑风暴法（Brain Storming）、模拟比较法（Analogy Comparisons）、检查单法（Check-list）、顶层风险矩阵表（Top-level Risk Matrix）等方法来帮助自身尽可能完整地识别风险。这里采用与顶层风险矩阵表类似的层次分类法对技术创新的风险进行了较高层次的分类，可以有效地帮助企业尽可能完整地进行更深层次的风险识别。将技术创新风险归纳为战略层次（决策风险）、组织层次（组织风险、资金风险、信息管理风险、企业文化风险、外部环境风险）、项目层次（技术风险、市场风险）共三层八类。这三个层次八个类别的风险，只要应对得当，它的另一面就是机会。

（一）战略层次的风险与机会

战略层次的风险指决策风险。技术创新是关系全局的活动，对决策者提出了很高的要求。决策者如果缺乏长远的眼光和全局性观点，有可能进行错误的技术创新决策。例如：选择了错误的战略类型，或技术创新项目与战略定位不相符，或战略时机把握不准，面临潜在机会却选择退出市场从而错失可能的巨大利润，等等。战略层次的风险具有全局性，因而无论是危险还是机会，其结果都会使损失或获利得到放大。由于风险有时蕴含机会，决策风险在一定条件下就会演变成为"机会的决策"。

（二）组织层次的风险与机会

1.组织风险与组织创新

组织层次的风险因组织机构、规模、所处环境、管理成熟程度的不同而不同，可分为组织风险、资金风险、信息管理风险、企业文化风险和外部环境风险。合适的组织结构可以使创新所需的各种资源进行适当的组合，从而使创新活动顺利进行；而散乱的组织结构则会导致职责不清、内部消耗严重从而使创新活动缺乏必要的资源，最终导致创新失败。新的产品或服务进入快速成长期后，企业规模可能高速扩张，对人员、设备、原材料、分销渠道等都有增长的要求，如果组织结构过于僵化，不能适应快速发展的要求，整个企业的支撑架构出现超载现象，就有可能导致成本过高、人员素质降低、质量不能满足要求、财务失控等现象。此外，企业在迅速增长期之间或之后，企业高层领导由于精力有限或时间有限而授予下一级经理过大的决策权，而自己只关心资源分配、目标设定、业绩评估等问题，此时非常容易由于下一级经理缺乏全局观、各自为政而单独行动，给企业带来巨大的风险。另外，成功地解决组织风险，有时就能够催生组织创新，例如成立产学研合作组织、研发创新小组等。

2.资金风险与融资创新

企业可能因没有能力或计划不当而不能在技术创新的各个时段及时供应资金。在技术创新项目计划期间，如果资金供应不足可能会导致根本无法立项或仓促立项等过失。仓促确立的项目如是错误的项目，企业的损失将无法弥补。在技术创新项目进行期间，资金供应不足会导致设备、原料的不足甚至关键技术人员的流失，从而导致项目流产，前期投入无法收回。在新的产品或服务投入生产期间，资金供应不足会导致生产设备、原材料、人员的缺乏或工艺的不相称，从而导致生产规模不够、单位成本上升或产品质量的下降等过失。在创新成果引入市场期间，资金供应的不足则可能导致市场引导的不足而无法开辟、扩大市场，造成无法获取利润甚至不能回收创新成本等过失。另外，解决资金风险的方法，有时就产生融资的创新，例如寻求风险投资或者申请创新基金支持。

3.信息管理风险与信息管理创新

这表现在企业对外部信息的收集不足。企业如缺乏专业人员或组织设置，或已设置的人员或组织的能力不足，对顾客要求和科学技术的发展等外界信息缺乏足够的收集的分析，企业将无法确立创新项目或立项不准确，从而带来严重的后果。在创新过程中，各种信息的复发性不断增加，传递速度也越来越快，在市场—研发—生产—市场的循环过程中的任一环节，如果信息沟通不畅，则可能导致最终的创新失败。如果企业创新成果成功地引入市场而使企业高速成长，但却未对企业原有的信息管理系统进行改造，原有信息管理系统则可能不堪重负，经营风险必随之而至。另外，解决信息管理风险的过程，有时就催生信息管理创新，例如引入新的软件管理等。

4.企业文化风险与企业创新文化

在有些企业中，领导和员工可能不喜欢变革，不肯放弃原有的技术和设备、不肯学习新的技术。某些企业的领导者相信通过竞争可以优胜劣汰，但过于激烈的内部竞争必然会对员工产生压力，在压力下，同事之间可能由于感觉到危机存在而不再相互分享信息，从而阻碍了内部信息流通，最终导致创新项目的失败。成功的领导者可能会不自觉地养成一种不再愿意听取不利消息的习惯，那些直言项目存在困难和潜在危机的人将被视为缺乏勇气的悲观主义者。在上述情况下，员工可能不再向高层领导传递创新项目可能遭遇危机的信息，从而无法得到正确的决策和来自高层的支持，最终导致创新项目的失败。另外，化解企业文化风险的过程有时就于无形中形成企业的创新文化，例如，在并购企业中将不同企业文化进行融合，形成新的企业文化。

5.外部环境风险与外部环境机遇

这包括宏观政治、经济环境甚至自然环境的变化。例如，通货膨胀、财政金融政策的变化，可能会引起相应的资金风险；中国加入WTO后需要对原有的法规进行调整和修改，新的法规如环保、质量法规的发布可能会使新产品无法继续生产或新工艺不能继续采用，从而使整个创新项目失败；地震、洪水、战争等不可抗力的发生给技术创新项目带来的风险无法回避。另外，在克服外部环境风险的过程中，有时就在酝酿外部环境的发展机遇，例如，环保要求会迫使企业发展"低碳技术"或"低碳产品"。

（三）项目层次的风险与机会

项目层次的风险主要指技术风险和市场风险，分别指技术和市场的成熟度。

1.技术风险与技术创新

由于新材料和/或新方法的采用，或新技术被证实的程度不足，或新技术所要求的产品规范还未开发，都会导致不确定性增加，从而导致风险的增大。由于技术人员技术能力的不足，或企业现有整体技术水平不能完成新技术所要求的所有运作环节，便可能导致创新项目终止或延迟。某些企业采取引进新技术方式以弥补自身技术能力不足的缺点或缩短创新周期，但在从供给方到企业（接受方）的转移过程中，由于技术本身不成熟或技术供给方的供给能力不足而导致转移失败。高新技术的发展日新月异，如技术本身领先程度不高，可能容易被竞争者模仿，或被更新的技术替代甚至淘汰。如果新技术与现有技术差别较大，生产设备、生产工艺及生产能力可能不能满足新技术的要求，转换成本高，从而导致难以投入生产。新技术要求的原材料或新部件市场上无法取得，供应商无法在一定时期内提供所要求的部件或原材料从而导致无法批量生产。如果企业缺乏持续开发的能力，新技术就无法得到进一步完善。另外，在防范技术风险的过程中，有时就会催生技术创新。

2.市场风险与市场机遇

新产品或服务投入市场后，由于市场引导或宣传的不足，顾客可能会持怀疑态度甚至否定新的产品或服务。即使进行了充分的市场引导，由于新产品或服务的推出时间和有效需求产生时滞，如果时滞过长将导致研发资金回收困难。企业可以确认会有顾客对此类产品或服务有需求，但无法很快了解到确切的用户是谁及用户在哪里，从而导致无法尽快确定营销策略以获取利润。

有时新产品或服务的市场需求已经显现出来，但无法预测市场需求的规模，从而可能导致错误的生产及营销策略。

在新产品生命周期的导入期，企业很难预测市场在何时成长及成长速度如何。如果成长期和成熟期短于预期长度，可能导致无法获取应有的利润，甚至导致创新项目的亏损。企业有时很难估计竞争者将采用何种竞争手段与自己的新产品或服务进行竞争。如果竞争过于激烈从而导致价格不能达到预期水平，企业将很难达到预期利润。另外，在防范市场风险的过程中，有时会找到市场机遇。

四、科技创新与成果商业化管理方法

科技创新与成果商业化过程包括研究开发经费筹措、技术选择、技术风险和市场风险分析、团队建设、中间试验、产品试制与试销和市场营销等环节。管理科学中的许多成熟的研究方法，只需要与科技创新活动有机地结合起来，就能产生适合高技术企业、大学、研发机构的具体的科技创新与成果商业化管理方法。研究开发经费筹措方面，有撰写创新创业计划书、研发项目申请书。

在技术选择方面，有经验判断的"德尔菲法""趋势外推法"，时间序列的"最小二乘法"，计量模型的"回归分析法""投入产出法"和"马尔可夫预测法"等。

（一）研发流程创新方法

在流程管理方面，有"JIT"（准时制，借助计算机系统，将组织、供应商和运输系统一体化，消除一切无效劳动和浪费，追求高效率和好效果）、"精益生产"（由JIT、成组技术和质量管理合成的并行工作方法）、"敏捷制造"（采用柔性化、模块化的产品设计、开发方法与可以重组的工艺设备，使产品的功能和性能可以根据用户的需求进行改变）、"供应链管理"（建立从供应商直到最终用户之间的产品、信息和资金的双向流动，降低货物、验收、制造、销售和付款等环节的成本、减少流程周期的方法）、"物料需求计划"（MRP，将主生产计划、产品信息、库存信息组成的"输入项"与"处理项"的物料需求计划、"输出项"的采购计划、生产计划进行整合的方法）、"制造资源计划"（MRP Ⅱ，将生产、财务、销售、技术、采购整合成为系统的方法）、"企业资源计划"（ERP，强调将生产、财务、销售、技术、采购各环节的能力整合成为系统的一套管理软件和方法）、"业务流程重组"（BPR）、"生产周期法"、"客户关系管理"（CRM，强调"以客户为中心"替代"以产品为中心"的管理方法）等方法。

在科技创新管理和成果商业化管理的全流程管理方面，有"目标管理""标杆管理"和"知识管理"等方法。

（二）技术风险和市场风险矩阵分析法

技术风险和市场风险方面，有技术风险和市场风险矩阵分析法。

技术和市场不同成熟程度的组合构成了项目风险矩阵，总的项目风险随技术和市场风险大小的变化而变化。

（三）研发的方法论：TRIZ（萃智）方法

TRIZ可以翻译为"发明家式的解决任务理论"。TRIZ的第一个基本概念是"技术系统"，即能够执行某种功能的系统，包含一个或多个子系统。例如，汽车技术系统就包含传动系、刹车、加热和操纵等子系统。"技术系统的进化"有8种模式：①技术系统的S曲线进化模式；②提高理想度模式；③子系统的不均衡进化模式；④动态性和可控性进化模式；⑤增加集成度再进行简化的模式；⑥子系统协调性进化模式；⑦向微观级和增加场应用的模式；⑧减少人工介入的进化模式。

第二个基本概念是"创新级别"，共分五级。第一级是对某个技术系统进行简单改进；第二级是一个解决了技术矛盾的发明；第三级是一个解决了物理矛盾的发明；第四级是开发全新的技术；第五级是发现新现象。

第三个基本概念是"理想化法则"，是指任何技术系统在其进化过程中都倾向于越来越可靠、简单、有效，即越来越理想化。

第四个基本概念是"矛盾"，是指当想要改善技术系统中的某一特性、某一参数时，会引起系统中另一特性或参数的变化甚至恶化。矛盾冲突普遍存在于各种产品的设计之中。按传统设计中的折中法，冲突并没有彻底解决，而是在冲突双方取得折中方案，或称降低冲突的程度。TRIZ理论认为，产品创新的标志是解决或消除设计中的冲突，而产生新的有竞争力的解。设计人员在设计过程中不断地发现并解决冲突是推动产品进化的动力。

技术矛盾冲突是指一个作用同时导致有用及有害两种结果，也可指有用作用的引入或有害效应的消除导致一个或几个系统或子系统变坏。技术冲突常表现为一个系统中两个子系统之间的冲突。

TRIZ有40个创新原理，作为解决问题的工具。解决问题分为9个步骤：分析问题、分析问题模型、构建最终理想结果、利用外部物质或场资源、利用信息库、变换或重组问题、分析去除物理矛盾的方法、利用已经发现的问题答案和分析导致问题解决等。

40个创新原理分别是：分割、抽取、局部质量、增加不对称性、组合、多用性、嵌套、重量补偿、预先反作用、预先作用、事先防范、等势、方向作用、曲面化、动态特性、未达到或过渡作用、空间维数变化、机械振动、周期性作用、有效作用的连续性、减少有害作用的时间、变害为利、反馈、中介物、自服务、复制、廉价替代品、机械系统替代、气压和液压结构、柔性壳体或薄膜、多孔材料、颜色改变、均值性、抛弃或再生、物理或化学参数改变、相变、热膨胀、逐级氧化、惰性环境、复合材料。

现实中的矛盾冲突是千差万别的，如果不加以归纳则无法建立稳定的解决途径。TRIZ理论归纳出39个通用工程参数描述冲突。阿奇舒勒将这39个通用特性参数（例如重量、长度、面积、体积、速度、力、压强、形状、稳定性、温度、照度、能量损失、能耗、功率、信息损失、时间损失、精度、自动化程度、生产率等）与上述40个创新原理，列出了矛盾矩阵表（一张具有对应数据的大表）。在实际应用中，要把组成冲突的双方内部性能用上述39个工程参数中的至少2个表示出来，然后在冲突矩阵中找出解决冲突的发明原理。据此可以解决1500多种技术矛盾。

第三节　科技创新的评估控制与激励

在科技创新管理过程中，对科技创新的计划、战略和组织、业绩进行控制是十分重要的一环。对科技创新过程及其成果进行控制的主要方法就是评估。但是，对科技创新活动中的不同活动、不同阶段，其评估的方法也不相同。科学活动与技术活动不同，表现在研究与开发不同，以及新产品开发与新产品营销不同。评估各有特点，当然，根据评估结果实施的激励也就各有特点。按被评估对象划分，可以有：科技项目评估、科技机构评估、科技人员评估、技术产品评估。按评估时间划分，可以有：事前评估（多是对事前项目）、事中评估、事后评估。就评估方法而言，有同行评议、层次分析法（Analysis Hierarchy Process，AHP）、多层次模糊综合评估法、德尔菲法、视图法、投入产出法和数据包络分析法（DEA）等。激励与控制是互为因果的，明白这一点是会有助于管理活动的。至于预算、审计控制和市场控制等方面的内容，读者可以参考有关著作。

因为评估的对象不同，科学评估与技术评估有明显的区别。由于在国际上已经形成"科学计量学"，在其规范下，科学评估相对比较成熟。虽然评估是控制的主要方式，但也切忌刻舟求剑。

由于科技活动之中的研究开发活动是一种创造性、创新性活动，科学发现和技术发明是很难按照计划做出按时定量的预期的。科学发现和技术发明的突破只能按照科学技术自身的规律发展，而与自然年月无关。所以，不仅科研活动及其科研成果的评估要注意到研究开发活动的这一特点，技术活动及其技术发明、技术开发成果的评估、鉴定也要注意到研究开发活动的这一特点。在科技创新成果的评估中，不仅重数量轻质量（例如比论文数量多少而不是看论文质量）的做法本末倒置，而且过分依赖权威人士忽视青年学者的"惯例"也不可取。

一、科学研究成果评估

科学评估，包括科学研究成果评估和申请科研项目的评估。前者是研究已经完成，后者研究才开始申请，所以，二者的评估内容和方法也有所不同。科学研究成果，一般而言，就是基础研究和应用基础研究两类活动的成果。对科学研究成果的评价原则包括：科学发现的创造性、创新性，科学理论学说的先进性、进步性，科学研究成果的应用性和外溢性（社会效益和经济效益）。科学研究成果的评估方法，就评估执行主体来说，都是采用同行评议（Peer Review），因为科学研究活动是专业性很强的脑力劳动。学科划分是选择同行的标准，这个同行就是前面所说的"科学共同体"。就评估形式来说，有通信评议和会议评议，定性评估和定量评估等方式。在定量评估中，查阅科学文献引用的方法应用得比较普遍。

由于科学研究是探索未知世界及其现象的规律，其成果不仅需要公开发表，而且是以论文发表的先后来判定成果的优先权属的。这就是所谓科学发现的优先权问题。优先权问题可以追溯到著名物理学家牛顿的时代。牛顿与胡克关于万有引力定律、牛顿与莱布尼兹关于微积分的发现，以及达尔文与华莱士关于生物进化论的优先权之争是最有名的例子。随着科学的进步，学术期刊在确定科学发现优先权方面发挥了越来越大的作用。

这就不得不提到《科学引文索引》（*Science Citation Index*，SCI）。它创刊于1961年，至今已60多年。它是一种国际性的、多学科的综合性索引，涉及自然科学的多种学科。从来源期刊划分，又有SCI和SCI-E两种。前者有3500种左右的期刊，后者SCI-Expanded，是SCI的扩展库，有5300种左右。两种都可以通过国际联机和国际互联网进行检索。书本式SCI分双月刊、年度积累本和多年度积累本3种。内容包括5个部分：引文索引，专利引文索引，来源索引，机构索引和轮排主题索引。

按照上述指标和方法，根据由权威统计系统，所谓国际三大系统——SCI、EI（工程索引）、ISTP（科学技术会议录索引）和我国的中国科学院文献情报中心发布的"中国科学计量指标：论文与引文统计"，对我国作者发表的学术论文进行统计分析。在"中国科学引文数据库"（Chinese Science Citation Database，CSCD）上发表论文的分析与排序结果对国内发表的论文来说也是一种有分量的评估。CSCD的统计源由中国出版的582种中英文科技核心期刊组成。然后再对这些数据进行分析，得出各种评估结果。例如，大学的论文发表及引用率情况、科研院所论文发表及引用率情况等，用来作为对大学、科研机构的科研水平的重要评估指标。

从20世纪80年代开始，我国在大学和科研机构的科研成果绩效评估中引入了"SCI"指标，即以科研人员或研究机构在SCI统计源上发表论文的多少来奖励科研人员和科研机构。这种做法到了90年代中后期几乎成了整个科技界进行科研理论成果评估很重要的一项指标。其评估结果甚至与被评估机构和个人的资源配置有直接的关系。终于，在21世纪初，科技界对"SCI评估"展开了激烈的讨论，反对的和赞成的都有。我们的看法是，科学评估从方法上看，应当是将定量方法和定性方法有机结合起来。在定量方法当中，如果是评估一个国家、地区和机构的科学研究产出，利用SCI等工具显示论文发表数量和论文引用率，再与其他指标相结合，还是有价值的；如果是评估一个项目和个人的研究水平，就应当依靠专家对具体的研究内容进行评估，而无须涉及论文是否在SCI上发表等问题。

对申请科研项目的评估与科研成果评估有所不同。同行评议注重对申请人的资格、以前科研的积累，以及对所申请项目的研究意义、内容、方法的阐述的评估。

二、技术评估

这里所称的技术，是指狭义的技术，即工程技术，泛指根据生产实践经验和自然科学知识发展而成的各种工艺操作方法与技能。它上接科学知识，下连企业生产。技术是科学知识的具体化、实用化，又是实践经验的科学概括。

因而，技术评估的内容比科学评估要广泛和复杂得多，涉及科学、技术、经济与社会的很多方面。技术评估的目的是为技术选择提供依据。技术选择既可以为政府有关部门的技术决策提供依据，也可以为企业的技术决策提供依据。

技术评估的方法有德尔菲法、头脑风暴法、投入产出法、费用效益分析法等。

从技术评估的层面来看，有国家层面对关键技术的评估和选择，有企业层面的技术评估，以及新产品开发技术的评估。

三、科技研究机构评估

与科学成果评估、技术评估的不同之处在于，科技研究机构的评估是对一个研究组织和实体的评估；相同之处在于，评估研究机构的指标包含科学成果指标和技术成果指标。

评估一个研究机构的指标体系的构筑方式可以有多种多样，例如系统评价法、层次分析法、结构功能法等。

研究机构由于研究的目标、方向和内容不一样而被分为不同类型：基础研究机构、应用研究机构、技术开发机构和公益研究机构。不同类型的研究机构的评价指标是不一样的。

一般来说，可以把一个研究机构的实力分成综合科技实力和机构运行绩效两大类。即研究机构的科技实力可以分为科技存量、科技绩效两类指标。

科技存量是指科技实力的存量，诸如现有科技人力、物力和财力的存量。科技绩效是指科技存量的运行绩效，这就与机构的组织协调和管理密切相关。其产出的表现形式，对基础研究机构来说主要是论文、专著，对应用研究机构来说主要是论文、专利和发明，对技术开发机构来说主要是技术成果的样品、样机、新产品以及成果推广应用、创收创汇等。

不同科技研究机构的评估指标体系是不同的。或者说，评估指标体系具有很浓的"个性化"色彩。以下的评估指标体系仅是国内有代表性的一种。

首先，确定一级指标是"科技存量"和"科技绩效"。

其计算公式如下：

科技存量＝规模因素×（可调参数＋质量系数）

例如，某研究所的经常性费用是1000万元，研究经费占经常性费用的比例是80%，则质量系数就是0.8。可调参数可从全国科技统计数据算出，例如，当年全国研究经费占经常性费用的比例的平均数是60%，则可调参数就是0.6。

科技绩效＝成果总量×（可调参数＋成果质量系数）

我们可以给科技存量赋予权重是50，给科技绩效赋予权重是50。

科技存量中包括：总人力、科技人力、学科带头人、科技财力、固定资产和实验（或试验）条件等；科技绩效中包括：论文、课题、成果、奖励、专利和成果推广应用、创收能力、出口创汇等。当然，不同类别的研究机构的二级指标不一样，或其指标权重不一样。可以给每个二级指标赋予权重。例如，科技财力权重为13、固定资产12、论文4、成果7等。

例如，（科技绩效中的）专利＝专利授权数×（可调参数＋发明专利的比重）

这里，规模因素就是专利授权数，可调参数可从全国科技统计数据算出，是全国平均的发明专利占全部专利授权数的比重，式中，发明专利的比重是该机构的发明专利数占专利授权数的比重。专利指标在科技绩效中的权重是4。

科技存量和科技绩效两类指标又可以分为净值指标和比率指标。前者是绝对值，例如，某所的科技财力的净值指标是科研经费300万元；后者是人均值，例如，该所科技财力的比率指标是人均科研经费2万元/人，科研人员人均科研经费1.5万元/科研人员。科技绩效的比率指标如：基础研究机构的人均发表论文数，应用研究机构的百人平均专利数，技术开发机构的百人技术合同实收率、百人平均出口创汇额，等等。比率指标的优点是对于规模大小差距较大的研究机构的评估比较公平。

然后，可以采用线性综合评价模型，将不同量纲的指标进行评价指标的转换值处理，即无量纲化处理，以便综合和合成。便可以根据加合的数值对研究机构进行排序。

其次，在某大型综合科研机构对其所属院所的机构评估中，在一级指标设置上，将年度评价指标确定为两类：目标完成度、导向指标。

在二级指标设置上，目标完成度包括科技目标完成度（40分）、管理目标完成度（40分）、领域前沿部署（10分）、创新文化（10分）；导向指标包括承担重大科技任务、高质量科学论文、重要国际学术会议特邀报告、重大社会经济效益、人才培养、科技奖励。

在三级指标设置上，科技目标完成度，是将学科分为三大类——对科学事业发展贡献的基础研究类、对经济建设贡献的高技术研究类、对社会进步贡献的资源环境类，每一类都有自己具体的科技目标及其科技目标的记分办法。

最后，按每一类指标的权重进行加和，按总分对各机构排序。

四、国家科技竞争力评估

科技竞争力是国家竞争力中的一个重要部分，这在经济全球化和知识经济时代表现得特别明显。由于瑞士洛桑国际管理学院（IMD）多年来出版《世界竞争力报告》（以下简称《洛桑报告》），这就为我们提供了一个评估各国科技竞争力的平台，其指标体系也为我们制定了一个坐标系。

早在20世纪90年代，当时的《洛桑报告》设计了八个大类来评估一个国家或地区的竞争力：国内经济、国际化程度、政府管理、金融、基础设施、管理、科学技术、国民素质。

当时，IMD提出了衡量国家科技竞争力的三个原则：一国的科技竞争力应当建立在对现有知识、技术资源的有效的、创造性的应用之上；科技竞争力应当体现在对基础研究和创新活动的投入上，体现在不断创造和积累新的知识和技术资源上；企业是否成为国家技术创新的主体。

依据上述原则，IMD设计科技竞争力评价指标体系的基础是：科技成果的转换能力，科学技术发展的良好环境，企业在国家科技活动中的地位。

五、自主创新的骨干：国家创新型企业

国家创新型企业和最具创新能力企业评估：

创新型企业是指拥有自主知识产权的核心技术、知名品牌和良好的创新管理与文化，在获得国内、国际市场竞争优势和持续发展的途径上对技术创新具有较高依存度的企业。

创新型企业的主要特征包括以下方面：首先，拥有自主知识产权的核心技术，整体技术水平在同行业居于先进地位，积极主导或参与国际、国家或行业技术标准的制定工作；其次，具有持续创新能力，包括在同类企业中，研发投入占年销售收入比例较高，有健全的研发机构或与国内外大学、科研机构建立了长期稳定的合作关系，重视科技人员和高技能人才的培养、吸引和使用；最后，具有创新发展战略和文化，包括重视企业经营发展战略创新，努力营造并形成企业的创新文化，把技术创新和自主品牌创新作为经营发展战略的重要内容。

评价创新型企业的指导思想是：以服务于技术创新体系的构建为出发点，准确把握创新型企业特征，综合运用多种方法，本着"导向明确、简洁易行、客观公正"的原则，通过全面评价企业创新能力、创新投入、创新产出、创新影响和创新管理，系统考察企业发展对技术创新的依存程度，从我国优秀的企业群体中选拔出一批创新型企业，引领更多的企业走向自主创新之路。

（一）评价国家创新型企业的指标设计：考察创新依存度

创新型企业评价的重点是对企业发展和技术创新关联度的考察，是对企业技术创新依存度的评价，力求对创新型企业进行把握和判定。因此在指标的设计上，结合我国企业的特点和国际相关经验，将指标分成两大类，即"基本数值指标"和"专家评测指标"。基本指标是所有类型企业必须参与对比分析的数值指标，与国外相关研究具有一定可比性，通过对不同企业测定不同的参考值，评价这些企业在基本指标方面所体现的特征。专家评测指标既包括定性指标也包括定量指标。定性指标由同行专家基于对企业的分析和判断打分，定量指标则由专家参考企业上报的数据做出价值判断，上报数据与专家判断在一定程度上相互制约。专家测评指标用以考察各种企业在基本指标之外体现的创新特性。

（二）企业分类：实现可测性

我国企业状况十分复杂。为了实现可测性，特别是实现同一类别中企业与创新有关特征的相对同一性，将企业按照规模和行业特性两个维度进行分类。

按照企业生命周期与技术创新关系分类。相关文献分析表明，企业销售收入达到10亿元和100亿元时出现拐点，其研发强度、管理模式等发生重大变化。基于这一结论，将企业分为三类，销售收入在10亿元以下的中、小型企业，销售收入在10亿～100亿元以上的大型企业，销售收入在100亿元以上的特大型企业、企业集团。

按照行业技术密集度分类。企业技术创新和行业特征具有紧密的联系。大量研究表明，技术密集度接近的不同行业，其企业的技术创新有许多相似性。按照技术密集度分类，有可能形成若干类别界限较明显、由不同行业组成的行业群体。据此，将销售收入在10亿元以下、10亿～100亿元、100亿元以上三类企业进一步划分为高技术行业群、非高技术行业群、服务类行业群。这样，在创新型企业评价中，被评价企业初步分为九类。

（三）评价操作：追求简洁可行

在考虑符合国家战略需要和能让社会认可的前提下，指标体系的设计应具有较强的可操作性，政府或相关中介机构可以比较方便地进行客观评价。选取指标主要考虑便于采集、可以量化、易于比较；较多采用国家统计局指标和企业财务科目可产生的数据；较多采用比例指标等。

（四）指标结构

为界定和描述技术创新"型"的概念，从考察企业发展对创新的依存程度出发，设立5个一级指标，15个二级指标，25个三级指标。其中6个"基本数值指标"，19个"专家评测指标"。

6个"基本数值指标"指：①全部从业人员中研发人员比例；②全部收入中自主研发投入的比例；③千名科学家和工程师拥有授权发明专利数；④专利申请的近3年年均增长率；⑤全部销售收入中新产品（服务）收入比例；⑥销售利税率。这6个指标是创新能力、创新投入和创新产出的核心指标。之所以选择这6个指标是因为：第一，文献分析、实地调查、企业座谈等不同形式的调研结果表明，这6个指标认同度较高，是较能反映企业发展创新依存度的定量指标，也是当前较具导向性的指标；第二，这6个指标中的大部分也是国际上考察企业创新性的核心指标；第三，这6个指标由国家统计局列入每年企业统计中，便于采集、分析和比较。

（五）评价实践

基本条件初选。设定基本条件，评价企业基础情况。符合下述基本条件的企业有资格进入指标评价环节：①具有独立企业法人资格，中方或中国公民控股。②企业连续3年赢利，资产负债率合理。③有自主知识产权的技术。④企业或者企业集团内的核心部分通过ISO9001等相关认证；制药企业必须通过GMP认证。⑤企业资信情况良好（银行或者其他权威资信评价机构评价）。

指标运作。对于6个基本数值指标，先分别计算出行业平均值，被评价企业的相关指标超过行业平均值即视为及格；对于19个专家评测指标，由专家或根据对企业的分析和判断打分，或参考企业上报的数据做出价值判断。基本数值指标与专家评测指标所占权重约为6∶4。

经过几年的评选实践，逐步形成了"4+1"的评审指标结构，即4个定量指标：R&D经费支出占主营业务收入的比重，千名研发人员拥有的授权发明专利数，新产品（包括工艺、服务）销售收入占全部销售收入的比重，全员劳动生产率；1个定性指标——创新管理（包括战略、制度、品牌和文化）。

综合评价和补充考察。对指标得分及格和获得小同行专家推荐的企业，科技部可委托相关中介机构或组织大同行专家组对最终名单进行审核，对于有异议和违反常识等的企业通过实地调研和问卷调查等方法补充考察确认，并视情况采用类似"听证会"等方式听取社会各界的意见。

六、科技奖励

从管理活动职能的角度来看，管理的控制功能不仅包括评估，也包括奖励。当然，评估应当是奖励的依据。简而言之，科技奖励就是社会（包括科技界这个大共同体）对科技研究人员及其科学技术成果的一种承认。科技共同体对科技成果的承认形式多种多样，其中包括：命名、引证、奖励。

命名。例如，用牛顿来命名他那个时代的力学、物理学，称之为"牛顿时代""牛顿力学"。再如，居维叶——古生物学之父、法拉第——电学实验之父、简纳——免疫学之父，还有"欧几里得几何""凯恩斯经济学"，等等。还有用学科的计量单位和概念命名的，例如，普朗克常数、布朗运动、塞曼效应等。或干脆就用物理学家的名字来命名一个单位，例如，安培、伏特、欧姆、焦耳、瓦特、奥斯特等。

（一）美国科技奖励

美国科技奖的颁奖机构分国家和民间两个层次。美国的国家科学奖（National Medal of Science Award）是很高档次的奖励，奖励物理学、化学、生物学、数学、工程技术科学，以及社会科学方面成就卓著的科学家，每年获奖者不超过20人，由美国总统颁奖，故又称美国总统科学奖，但它并不是从各个州的科学奖中评选出来的，而且每个州也不设立与国家科学奖相对应的科学奖。公司的科技奖与学会的科技奖也互不统属。

重要的民间科技奖励是由科技学会设立的科技奖励。例如，美国化学学会设立了40多个奖，诸如创造发明奖、斯拉克燃料化学奖、兰米尔化学物理奖等。公司设立的科技奖励则不计其数。显示度高的有西屋电气公司设立的西屋科学奖，IBM设立的杰出创新奖、IBM新人奖、软件奖、硬件奖和福特公司的"质量奖"等。

科技奖励的功能包括：引导科技工作者的发展方向；调动科技工作者的创造性；发现和培养科技人才；创造一个良好的科技发展环境；为评价科研机构及个人提供客观标准；维护科技成果获得者的权益，鼓励科技创新；促使科技成果公开，实现科技资源共享。

（二）中国科技奖励

我国的科技奖励在20世纪80年代已经形成一个体系，国家自然科学奖、国家发明奖和国家科技进步奖三大奖励形成了国家的科技奖励体系。与此相对应，各个省级地方政府和国家部委级部门都设立这三类奖励，形成一个垂直的奖励系统。但在21世纪初，我国改革了科技奖励制度。上述三类科技奖励只设国家级和省级，而且减少了每种奖励的级别和数量。同时增设国家科技奖这种最高奖，每年只奖励两人。还有一些社会民间设立的科技奖励，例如何梁何利奖等，与政府科技奖励相互对应。

（三）英国科技奖励

英国是世界上第一个设立科技奖的国家。1731年，由科普利爵士捐款设立科普利奖，由英国皇家学会颁奖，奖励杰出的自然科学（当时叫自然哲学）研究学者。此后设立的著名科技奖励还有：贝克演讲奖，由亨利·贝克于1775年捐款设立，由英国皇家学会颁奖，奖励博物学和实验科学方面的优秀科学家；朗福德奖，由英国皇家学会于1800年设立并颁奖，奖励重大科学发现和重大技术发明。此外，英国还设立了达尔文奖和赫胥黎奖等。英国科技奖励的特点是：历史悠久，以奖励个人为主，奖励的学科多，且自然科学奖重于技术发明奖，奖金额不高。

（四）日本科技奖励

日本的科技奖励分紫绶、蓝绶和黄绶3种，都是国家级科技奖励，但是都是经过从地方到中央的评选途径，先从都道府县推荐候选人，上报日本中央政府的科技厅，由科技厅和专利厅组织评审，最后由内阁会议决定获奖者名单。日本另有科技勋章，一等勋章由天皇授予；二等勋章由内阁总理大臣通知授予。

（五）诺贝尔奖

在私人奖励和社会奖励方面，最有权威的就是诺贝尔自然科学奖了。1900年，根据瑞典化学家诺贝尔的遗嘱，在瑞典王宫签署的诺贝尔基金会章程中写进了基金会的宗旨："诺贝尔基金会根据阿尔弗雷德·诺贝尔于1895年11月27日所签遗嘱设立，遗嘱有关部分内容如下：'我的全部可以变卖的财产应按下述方式处理：由我的遗嘱执行人以稳妥的证券投资来设立一笔基金，基金的利息每年以奖金的方式授予前一年为人类做出最大贡献的人。这笔利息分成五等分并做如下分配：一份授予在物理学领域里做出最重要发现或发明的人；一份授予在化学领域里做出最重要的发现或应用的人；一份授予在生理学和医学领域里做出最重要发现的人；一份授予在文学领域里创作出具有崇高理想的作品的人；一份授予在为人类博爱、为废除或削弱各国常备军队，以及在增进和平事业方面最有贡献的人。物理学和化学奖金将由瑞典科学院颁奖，生理学和医学奖金由斯德哥尔摩的卡罗琳医学院颁奖，文学奖金将由斯德哥尔摩的文学院颁奖，和平奖将由挪威议会选出的一个五人委员会颁奖。我希望授奖不要考虑候选人的国籍，只要够格，则无论是否是斯堪的纳维亚人都有资格获奖。'"后来又增设了诺贝尔经济学奖。

七、科技评估、控制与激励方法

在科技人力资源评估方面，有"胜任特征评价法"（将优秀工作者与一般工作者区别开来的人力资源评估分析方法，不同行业、不同职位、不同环境的胜任特征是不同的，例如，某一研发机构，可以取知识、技能、社会角色、自我概念、特质和动机为胜任特征，然后确定样本、获得有关样本的胜任特征数据，建立模型并验证、分析）、"360度反馈评价法"等方法。

在科技成果、科技机构、科技项目评估方面，有德尔菲法（依据对所设计的有针对性调查问卷的匿名发表意见，经过反复征询、归纳、修改和最终汇总被征询专家基本一致意见的方法）、同行评议、层次分析法（Analysis Hierarchy Process，AHP）、多层次模糊综合评估法、视图法、投入产出法和数据包络分析法（DEA）等。

在质量评估方面，有PDCA循环法（又称戴明环），即以"计划（Plan）"、"执行（Do）"、"检查（Check）"和"处理（Action）"4个程序环进行质量评估的程序方法。每一个程序环又分为若干细环。

在科技财务管理评估方面，有"资产负债表""利润表""现金流量表""量本利平衡法""净现值法"和"资金回报率"等方法。

在科技机构、高技术企业全面全程评估方面，有"平衡计分卡法"（将对机构的评价分为学习与成长、业务流程、客户和财务4方面，并将其尽可能量化，探寻彼此之间的关联程度，从而系统反映财务与非财务指标、长期目标与短期目标、外部与内部、结果和过程、管理业绩与技术业绩之间的平衡关系）。

第三章 云计算智能管理系统的运用

第一节 云计算智能管理系统概述

一、智能管理系统相关概念

（一）管理系统

管理系统是管理科学和系统科学的融合和发展，是利用系统的思想和理论，达到管理的目的。管理活动是一个完整的过程，从周密地计划到积极地组织、专业地领导，再到有效地控制，环环相扣、相互依赖、相互作用。管理系统主要指多个部件通过密不可分的联系，达到某种目的，即系统是由相互之间密切联系的多个部件组成的。因此，从系统论的角度来分析管理活动，能够提高科技管理水平和整体效率。

管理系统是一个综合性、边缘性、系统性的学科，应用了现代管理科学、计算机科学、运筹学、系统理论、系统工程、控制理论、自动化理论等多种高新理论和技术，将管理过程数量化，提高管理水平，达到管理目的。

管理系统既是技术系统，也是社会系统。一方面，管理系统应用计算机技术，利用计算机的软件、硬件、数据、网络等工具实现管理信息系统、决策支持系统、办公室自动化系统等，将人的部分工作交给机器完成，提高了管理效率，因此是一个技术系统；另一方面，管理是复杂的社会活动过程，管理系统由人、组织机构和计算机组成，通过人与机器的交互，使系统能够辅助决策者做出精准的决策，因此又是一个社会系统。

管理系统是一个面向管理的集成系统，其用户是多层次的。这就要求管理系统能够满足不同层次用户的需求，具有综合管理功能，如针对高层管理者的决策辅助功能，针对中层管理者的计划任务调度功能，针对基层管理者的生产、办公室事务处理功能等。将多种功能融合集成，辅助管理活动顺利进行。

管理系统具有一般系统的特性，其特有的复杂性还突出表现在以下几方面：

1.信息高度集中

将组织中的数据集成在一起，建立统一的数据标准，能够对数据进行快速处理，统一使用，从而消除数据孤岛问题。此外，随着互联网技术的发展，管理系统能够破除地域限制，将分散在不同地域的分支机构连接在一起，形成跨地区的各种管理系统。

2.面向管理支持决策

管理系统是一个辅助管理的服务系统，设计需要融合管理的思想和方法，能够根据当前管理活动的需要，及时提供相关信息，包括原始信息和加工后的信息，从而辅助管理者做出决策。

3.有预测、评估和控制能力

管理系统使用广义管理模型，如运筹学模型、数理统计模型、智能模型等，通过多种模型的集成更精确地将现实问题模型化，通过模型来分析处理数据、评估当前状态、预测未来态势、提供决策支持。

（二）人工智能

人工智能（Artificial Intelligence，AI）又称机器智能、人造智能，是用人工的手段进行人类智能的计算机模拟。人工智能发展至今仍没有统一的定义，其中最广泛被人接受的是斯坦福大学尼尔逊提出的关于人工智能的定义：人工智能是关于知识的科学，包括知识的表示、知识的获取和知识的运用。

人工智能涉及数学、经济学、神经科学、心理学、哲学、计算机工程、控制论、语言学、生物学、认知科学、仿生学等学科及其交叉。人工智能有着十分广泛和极其丰富的研究内容，包括认知建模、知识表示、知识推理、知识工程、机器感知、机器思维、机器学习、机器行为等。不同的人工智能研究者从不同的角度对人工智能内容进行研究。例如，基于脑功能模拟、基于应用领域和应用系统、基于系统结构和支撑环境、分布式人工智能系统、机器定理证明、不确定性推理等。中国学者在人工智能基础研究方面已在机器定理证明、分层知识表示与推理、自动规划、语音识别、可拓数据挖掘、进化优化等方面取得一些重要成果，具有较大的国际影响力，但总体来看成果还不够多、面不够广，整体影响力也有待进一步提高。

随着人工智能水平的提高和计算机技术的发展，新的智能技术不断出现，拓宽了人工智能的研究内容，为人工智能增添了新的血液，如模糊系统、群优化算法、人工生命、多Agent等。人工智能发展至今，从科学方法论的角度来分析，存在三条发展途径，形成了三大学派。

1.符号主义学派，又称功能模拟学派

符号主义学派将人、计算机都看作是由物理符号组成的系统，人的思想过程就是物理符号的运算过程，因此可以用计算机的符号演化来模拟人的思想过程；智能活动的基元是符号，智能的核心是知识，知识可以用符号来表示，利用符号逻辑进行知识推理从而解决问题。随着符号主义学派的发展，其成果由起初的启发程序逐步发展到专家系统。专家系统的成功是人工智能发展史上的一个重大突破，对人工智能从理论走向工程应用具有特别重要的意义。

2.联结主义学派，又称结构模拟学派

联结主义学派认为，人工智能原理与仿生学有密不可分的联系，其着重点在于对模拟人脑的研究，将基于突触联结机制的大脑工作模式应用于计算机，令计算机具有人脑的思维方式。智能活动的基元是神经细胞而不是物理符号，是由神经细胞组成的神经网络逐步演化的过程。从第一个人工神经细胞模型M-P脑模型的建立到"感知机"的研制、BP神经网络的提出和应用，该学派的研究对象由人工神经细胞逐步发展为人工神经网络。深度学习理论的建立，引起学术界对该学派的高度重视。

3.行为主义学派，又称行为模拟学派

控制论中自适应、自学习理论的发展为人工智能的研究提供了新的途径。行为主义学派认为，人工智能和控制论之间有密切联系，智能行为是基于"感知—行动"的反应机制，而不是基于知识，智能系统的智能性需要与环境进行交互沟通，从中进行学习和训练，并能够实现自我进化。从初期的"香农老鼠"到布鲁克斯的六足机器人，该学派的研究对象由控制论动物逐步发展为研究智能机器人。

人工智能的主要研究领域包括机器学习、模式识别、自然语言理解、智能控制、智能机器人、人工生命等。

机器学习：机器学习就是让机器具有人类的学习功能，是一个从学习环境中利用学习方法形成知识库，利用知识库执行任务，再将执行的情况反馈给学习方法的循环过程。其与推理是密不可分的，学习中采用的推理越多，学习能力越强。各种机器学习的策略包括传授学习、类比学习、归纳学习、解释学习等，学习环境质量的提高、知识的表达和推理等都是机器学习研究的重点。

模式识别：模式是用来模仿的完美无缺的样本，模式识别就是通过各种方式识别出事物所模仿的是哪一个样本。模式识别的过程是将待识别的对象经过模式信息采集、预处理、特征或基元抽取、模式分类四大步骤，识别出对象属于何种模式。模式识别已经成功应用到指纹识别、视网膜识别、语音识别、手写输入识别等多方面，随着研究的深入、应用的广泛，模式识别与其他高新学科的融合是其发展趋势。

自然语言理解：自然语言是人类交流所广泛应用的口头语言和书面语言，是人类区别于动物的重要标志之一，不仅具有语义、语用、语法、语音等问题，还有表达模糊性、复杂的编码解码方式等问题。虽然自然语言理解存在很多难点，但其研究起步较早，如今已取得不少成果。目前的发展趋势主要是基于语法—语义规则和基于模型统计两种方法相结合，利用语料库语言学认识自然语言的规律，重视词汇的作用和构建词汇知识库等。

智能控制：智能控制是现代控制理论和人工智能结合而成的产物，是利用自动控制和人工智能的技术和方式，设计和实现具有拟人智能特性的控制系统，包括自寻优控制、自适应控制、自学习控制、自镇定控制、自修复控制等。智能控制正向大系统智能控制发展，其应用领域将会迅速拓展。

智能机器人：智能机器人是从示教机器人、感觉型机器人上逐步发展起来的，不仅要求机器人有拟人的智能，还要求机器人能够模拟人的形态、情感、特性等各个方面，从事人类所能完成的工作，并对人所能完成的任务进行扩展。其研究的主要问题涉及实现机器人目标的动作序列的规划方法、操作机器人装置程序、视觉信息的识别与处理，以及复杂机器人的控制与问题求解等。

人工生命：相比传统的人工智能和神经网络，人工生命在理论和方法上都有很大的区别。人工生命主要是通过计算机仿真生命现象来体现自适应机理，对相关非线性对象进行更真实的动态描述及动态特征研究。人工生命学科主要包括仿生系统、人工建模与仿真、人工生命的计算理论、进化动力学、进化与学习综合系统，以及人工生命的应用等研究内容。现阶段比较典型的人工生命研究有计算机病毒、计算机进程、进化机器人、自催化网络、细胞自动机、人工核苷酸和人工脑等。

（三）决策支持

决策支持（Decision Support，DS）是以管理学、运筹学、控制论和行为科学为基础，以计算机技术、仿真技术和信息技术为手段，针对半结构化的决策问题，支持决策活动的技术。该技术能够为决策者提供所需的数据、信息和背景资料，帮助明确决策目标和问题的识别，建立或修改决策模型，提供各种备选方案，并对各种方案进行评价和优选，通过人机交互功能进行分析、比较和判断，为正确决策提供必要的支持。它通过与决策者的一系列人机对话过程，为决策者提供各种可靠方案，检验决策者的要求和设想，从而达到支持决策的目的。决策支持技术强调的是对管理决策的支持，而不是决策的自动化，它支持的决策可以是任何管理层次上的，如战略级、战术级或执行级的决策。

20世纪80年代末，决策支持技术开始与专家系统（Expert System，ES）相结合，形成智能决策支持系统（Intelligent Decision Support System，IDSS）。智能决策支持系统充分发挥了专家系统以知识推理的形式解决定性分析问题的特点，又发挥了决策支持系统以模型计算为核心的解决定量分析问题的特点，充分做到了定性分析和定量分析的有机结合，使解决问题的能力和范围得到了发展。智能决策支持系统是决策支持系统发展的一个新阶段。随后出现了数据仓库（Data Ware-house，DW）、联机分析处理（On-line Analysis Processing，OLAP）和数据挖掘（Data Mining，DM）新技术，DW+OLAP+DM逐渐形成新决策支持系统的概念，因此将智能决策支持系统称为传统决策支持系统。新决策支持系统的特点是从数据中获取辅助决策信息和知识，完全不同于传统决策支持系统用模型和知识辅助决策。传统决策支持系统和新决策支持系统是两种不同的辅助决策方式，两者应该互相结合。

分享经济时代的知识管理（Knowledge Management，KM）与云计算技术，都与决策支持系统有一定的关系。知识管理强调知识共享，云计算强调资源共享。决策支持系统是利用共享的决策资源（数据、模型、知识）辅助解决各类决策问题，基于大数据的新决策支持系统是知识管理的应用技术基础。在网络环境下的综合决策支持系统将建立在网格计算的基础上，充分利用网格上的共享决策资源，达到随需应变的决策支持。

（四）智能管理系统

智能管理（Intelligent Management，IM）是人工智能与管理科学、知识工程、系统工程、计算机科学等新兴学科相互交叉渗透融合而成的新技术。其研究对象是如何提高管理系统的智能水平及智能管理系统的设计理论、方法与实现技术。智能管理的核心思想是应对信息爆炸和快速变化，为企业寻找和确定预定目标提供技术可能，提升企业的科学决策能力和管理效率。

智能管理追求的最终结果是创造人机结合智能和企业群体智能。智能管理与信息管理和知识管理最大的不同在于其追求的最终结果是创造人机结合智能与企业群体智能。在新的历史时期，企业中的每名员工都应该成为知识工作者，企业最重要的资源是知识，最重要的能力是人机结合智能和企业群体智能，因为知识工作者的生产率保证来源于人机结合智能和企业群体智能。

智能管理系统（Intelligent Management System，IMS）又称智能集成管理系统，融合了管理信息系统、决策支持系统和办公室自动化系统的各项功能，利用机器学习、模式识别、优化算法等多项人工智能技术，开发设计出来的能够满足基层、中层和高层用户需求的新一代计算机管理系统，具有智能化、集成化、协同化、网络化等特点，是人工智能、管理学、信息论、系统科学等多种理论的融合和发展。

智能管理系统研究如何提高计算机管理系统的智能水平，以及智能管理系统的设计理论、方法和实现技术。智能管理系统就是在管理系统的基础上，应用人工智能技术，设计实现的智能化、集成化、协调化的新型计算机管理系统。

二、云计算智能管理系统的设计原则

云计算作为一种新的商业模式，具有很大的优势，为信息化产业带来了变革。用户从购买产品转向购买服务，面对云统一接口，简单易操作地使用服务。云计算强大的存储和计算能力，能够使智能管理系统在较短的时间内完成高水平的智能计算，提供给用户更加智能的服务。因此，基于云计算的智能管理系统是一种发展趋势。

云计算智能管理系统是云计算在智能管理领域应用的实例，是利用云计算技术将各类管理资源、数据、信息等集成在一起，进行统一管理、智能组织和共享，并利用云计算高性能并行计算能力，实现智能匹配、优化成本、自动寻租、租户安全等管理，为用户提供快捷便利安全性高的智能管理服务。其最终目的是实现各种资源的共享和按需定制，提高资源的利用率，用户廉价享受高端服务，以及实现绿色低碳节能减排。

云计算智能管理系统的设计原则主要有以下三点：①技术的前瞻性。前瞻性要求云计算智能管理系统能够充分利用最新技术和最新产品。追求前瞻性和技术水平的领先，对企业的长远规划和发展有重要影响。②系统的适用性。云计算智能管理系统要适用于实际环境并能够满足用户需求，是一个通用的系统。云计算智能管理系统应对各行业各规模的企业或组织具有一定的借鉴作用，企业可以针对自身实际情况进行部署。③安全可靠性。安全可靠是云计算稳步发展的必要保证，应在总体框架设计、功能设计，以及维护阶段增加安全性设计，避免单点故障。例如，在数据存储和调度管理时，采用备份冗余的机制，避免数据丢失和数据不可用；采用监控机制实时监控系统运行状态等。

三、云计算智能管理系统的概念模型

云计算智能管理系统是一个技术—社会系统，是对传统的智能管理系统的创新和发展。信息技术同化是指信息技术对价值链的影响和在竞争战略上的应用，因此可以采用信息技术同化模型来衡量云计算智能管理系统的优劣。信息技术同化模型之一技术组织环境模型（Technology Organization Environment，TOE），现已广泛应用到决策是否采纳或实施该项信息技术的过程中来，因此采用TOE模型来对云计算智能管理系统的要素进行分析。

TOE模型的主要思想是组织机构决定是否采纳一项信息技术受技术、组织和环境三方面的影响。具体来讲，技术方面主要关注使用技术本身的特点，如可靠性、兼容性，以及技术的优缺点等；组织方面是指该组织机构的自身规模、管理组织架构、信息基础设施现状等，分析组织自身是否适用于该项信息技术；环境方面是指组织机构所处的外部环境，包括法律法规政策规章、竞争程度等。

TOE模型能够综合考虑信息技术本身的特点，也能兼顾组织和环境等外部因素，具有较强的综合性和系统性。云计算智能管理系统是对传统的智能管理系统的创新和发展，单纯考虑技术的先进性并不能保证系统的可用和服务的质量，只有全面考虑系统的技术和系统所处的组织环境，促使其协调发展，设计相关保障机制，才能提供给用户高质量的服务。此外，云计算智能管理系统还强调人的主导作用，人—机分工合理即强调人为主机器为辅，让机器更好地辅助人进行管理活动，保护人的主导地位，发挥人智能的主动性和创新性。因此，云计算智能管理系统的关键要素可以分为人、组织环境和技术。

四、计算智能管理系统的总体框架

基于云计算的理论和思想，设计实现智能管理系统，各种分布式资源能够快速有效地集合在一起，安全可靠地部署在云平台上；各类用户能够通过云平台统一接口，各取所需，按需付费、收费。

（一）从云计算智能管理系统生态环境角度分析

云提供者提供各种基础设施（服务），包括租用服务器、租用存储、安装操作系统等，为服务提供者节省基础设施建设费用，并能动态、弹性地进行资源调度与管理。

服务提供者提供各种各样的应用服务。针对智能管理系统来说，服务提供者利用泛在的感知数据、网络数据、用户数据等形成知识库、方法库、案例库、数据库、模型库等多库，并利用多库协同软件技术、数据挖掘技术、人工智能技术等多项技术设计，实现诸如薪酬管理、人力资源管理、质量管理、生产管理等应用服务，将其部署在云平台上，同时支持后期的维护工作。

最终用户通过统一的云平台接口，选择并使用云服务，按照所选服务付费，节省成本。硬件的管理和软件的实现对服务使用者来说是透明的，使用者无须考虑硬件设施的建设维护和软件的开发管理，只须考虑选择哪几个应用服务、定制哪些工作流程，以及这些服务是否满足自身的质量水平要求等方面。

（二）从云计算智能管理系统框架层次角度分析

云计算智能管理系统从下往上可以分为6层。

1.支撑层

支撑层包括基础设施和人、技术、组织环境三大云计算智能管理系统要素，是整个云计算智能管理系统的基础支撑。

基础设施包括硬件设施和利用虚拟化技术构建的虚拟资源池。硬件设施包括计算、存储、网络，以及其他硬件设施；虚拟资源池是将硬件设施虚拟化后组成的资源集合，主要包括计算资源池、存储资源池、网络资源池等多种资源池。

三大要素整合在一起为整个系统提供人员支持、技术支持和环境支持。云计算的生态环境包括云提供者、服务提供者、最终用户等多类人员角色，各类角色相互作用相互协调，最终构建了和谐的云生态环境；云计算应用了多种技术，无论是成熟技术，还是新技术，在云计算中都有各自的作用和影响，如虚拟化技术提高资源利用率，分布式计算技术提高运行速度等；外界组织环境也是云计算智能管理系统顺利实施的一个重要支持，良好的组织结构和竞争环境能够提供标准的行为规范，组织成员能够进行合理分工，达成人—人协调的目标。

2.知识集成层

该层建立在支撑层之上，是云计算智能管理系统的数据基础。利用虚拟资源池，构建数据库、知识库、模型库、方法库、图形库、案例库、语音库等多库，多种资源的融合提高了云计算智能管理系统的智能水平。

3.服务层

该层包含智能管理系统中定义的全部服务，包括商务智能服务、知识管理服务、数据挖掘服务、大数据管理服务、多租户管理服务等多种管理服务。这些服务既相互独立又相互作用，能够独立地完成某项管理活动，又对其他服务起到辅助作用，即这些服务能够被发现和调用，并能被编排以创建组合服务。

服务发现是指为服务能够发布其自身的功能元数据，并通过元数据查找其他服务，从而获取其他服务的地址信息，与其进行交互。服务监控是建立在服务发现的基础之上的监控机制，能够对所请求服务所在节点的状态信息进行查询从而保证服务的可用性。资源调度是在服务监控的基础上，对服务按照节点状态进行选择调度。

4.应用层

该层建立在服务层的基础之上，是服务层的具体实现，包括工作流层和用户服务层两个部分。工作流层为用户提供了具体的管理业务的服务化封装，再通过服务的组合和编排、服务链等技术实现业务流程的动态组合，最终通过服务层提供的服务接口实现；用户服务层则为用户提供进行管理活动的平台。

5.传输层

传输层是通过互联网、电信网、电视网、移动网等，传输相关资源和服务。各种通信技术的集成将大大扩大云服务的应用范围，可以通过电脑、电视、手机、电话等多渠道使用云服务。

6.人—云多媒体智能接口

云计算智能管理系统要求人—机交互友好、分工合理，机器能够识别声、形、文等多种形式数据，所以设计高性能的多媒体智能接口是云计算智能管理系统的必要任务。同时，人云智能接口必须支持多终端接入方式，最终用户能够通过手机平板等移动终端、PC等多种设备，从人—云接口接入云计算智能管理系统，实现终端与云的交互。典型的人—云交互通过门户、电子邮件、工作台、论坛等进行。

五、云计算智能管理系统的服务模式与内容

（一）基础设施即服务层（IaaS）

该层主要负责硬件资源的建设，硬件资源的虚拟化、硬件资源的租赁，以及云计算智能管理系统中数据库、知识库、模型库、方法库、图形库、案例库、语音库等多库的构建与维护。该层利用虚拟化技术，将物理资源映射成虚拟资源便于高效的资源利用和灵活的资源调度。在这一层，云计算智能管理系统存储了丰富的库资源，为PaaS层提供多库支撑。

（二）平台即服务层（PaaS）

该层依托IaaS，为SaaS提供支持，同时也可直接为用户服务。平台即服务层提供了应用软件的开发测试环境和运行环境，提供中间件负责用户管理、映射管理和资源管理等任务。云计算智能管理系统在平台即服务层进行系统开发，构建广义管理模型、采用智能优化方法、开发多库协同软件、实现集成推理技术和数据挖掘算法，对IaaS层的多库进行处理。

（三）软件及服务层（SaaS）

作为核心架构之一，该层利用PaaS和IaaS为基础支撑，将软件作为服务提供给用户选择并使用，能够满足用户使用智能管理的相关功能，如多租户服务、个性化服务、知识管理服务等。用户根据统一的云智能接口与云平台进行交互，自由组合服务，个性化定制服务，满足用户个性化定制需求。

六、云计算智能管理系统的用户个性化需求设计框架

云计算智能管理系统区别于传统智能管理系统的一个关键点在于云可以满足用户个性化定制需求。云计算的核心思想之一是"一切皆服务"，是按需服务的商业模式。云计算既有共性又有个性。共性是指云上的基础设施资源、部署的应用服务等都是面向全体云用户的；个性是指用户可以根据自己的实际需要个性化定制服务。

用户通过云统一接口，可以进行个性化界面定制、个性化检索定制、个性化服务定制、个性化信息推荐等服务。云通过接口接收到用户的指令后，通过与用户信息库的交互，对用户行为记录进行更新，并对用户信息库的信息和用户提交的当前信息进行用户需求分析和数据挖掘，将最合适的服务推送给用户。用户信息库存放的是用户的元信息和用户的特征喜好，对基于多租户技术的云计算来说，用户信息库在客户关系管理、个性化知

识推送、个性化定制等方面起到很重要的作用。

七、云计算智能管理系统关键技术和应用

下面根据云计算智能管理系统的特点，对多种开发方法和关键技术进行讨论，分析研究各种技术的理论基础、技术特点，并给出云计算智能管理系统的应用实例，在知识管理和商务智能系统两个应用领域进行分析和讨论。

（一）云计算智能优化技术

智能优化算法和云计算有着天然的联系，云计算的MapReduce源于人工智能领域的Lisp语言；智能优化算法，如遗传算法、蚁群算法等，因为大量采用Monto Carlo方法，具有很高的并行性。可并行化的算法可以充分发挥云计算系统强大的计算和存储能力，因此智能优化算法在云计算时代应有很好的应用前景。

云计算环境下的智能优化算法，融合了云计算的关键技术和智能优化算法，设计出云计算环境下分布式并行化的智能优化算法，研究其求解问题的一般思路、方法、特点、框架及性能。云计算环境下的智能优化算法能够充分利用云计算平台强大的快速并行计算和分布式数据存储等能力，为大规模问题的智能化并行化分布式求解，以及云计算平台的智能化、科学化管理提供新的思路和方法。

（二）云计算数据挖掘技术

数据挖掘是智能管理系统中的核心环节，通过从海量复杂的数据中挖掘出有用的知识提高智能管理系统的决策能力。基于云计算的智能管理系统中，数据挖掘实施的关键在于如何利用云计算超强的计算能力、存储能力对数据挖掘算法进行移植和改进以提高算法的性能。

云计算技术的本质是分布式计算技术的一种，其将任务分解到利用网络相互连接的计算机节点上并行执行。因此，在云计算下的数据挖掘算法实质是对挖掘算法的一种并行化实现。在目前提出的众多云平台中，以Hadoop和Spark最具有代表性。Hadoop平台利用MapReduce对存储在分布式文件系统中大规模数据集进行分布式计算；Spark平台是对MapReduce模型的一种扩展，主要通过RDD和DAG实现大数据处理任务。

近年来，在两个平台下的数据挖掘算法取得了一定的研究成果，研究者在分类、聚类、关联规则等方面完成了相关算法的并行化实现。代表性的算法包括并行K-means、并行DBscan、并行支持向量机和并行Aprior算法。虽然云计算数据挖掘算法近年来取得了一定的研究成果，但仍然存在着很多值得研究的地方，例如，在云计算环境下面对高维数据如何实现并行的特征抽取算法；针对数据的动态特性，如何实现数据流挖掘算法的并行

化；针对复杂数据如何通过集成学习提高算法精度；针对非结构化数据如何在云计算环境下高效地进行语义表示和挖掘。

（三）云计算大数据管理技术

数据管理技术贯穿云计算智能管理系统开发全过程，通过数据管理使海量数据为决策者所用。在云计算智能管理系统中，大数据管理的关键在于如何存储、查询和分析，以及挖掘非传统数据类型，利用云计算的计算能力和平台对数据管理技术进行集成和改进以适应大数据时代的需求。

大数据超大容量存储需求、高速产生的特点离不开云计算，大数据的存储架构必须适应大数据分析应用的需求。随着数据类型的多样性增加，大数据有三种结构类型，即非结构化数据、半结构化数据和结构化数据，结合云计算的技术发展形成了适应各种类型数据的存储模型。大数据的查询技术关键在于将大家熟悉的 SQL 语言集成到云计算平台，Hive 是其代表技术，云计算中云数据管理系统查询技术的索引技术、查询处理、查询优化等也是关键研究内容。大数据分析技术的关键在于如何将复杂源数据简化以利于分析，并且不能降低数据的价值。数据流挖掘是大数据挖掘的一种特殊类型，时间数据流是数据流一种基本类型，时间序列流分辨率分段和多粒度时变分形维数的技术提高了数据流管理的水平。

（四）云计算知识管理系统

知识管理系统是智能管理系统中的核心内容之一，对智能管理系统中显性知识和隐性知识的获取、存储、检索，以及创新等过程进行管理。信息技术的快速发展，特别是网络技术、通信技术，以及计算机技术的不断进步，为企业知识管理提供了技术支撑，随着云计算模式的产生，任何形式的应用都能以服务的形式存在，为企业知识管理提供了新的研究视角。云计算知识管理系统，利用云计算技术和云计算环境的特殊性，将知识看作服务，对知识的管理即为对知识即服务的管理。

云计算提供了开放的标准、可伸缩的系统和面向服务架构，使组织能够以灵活且经济实惠的方式提供可靠的、随需应变的服务。在云计算环境下，用户的使用观念也会发生彻底的变化：从"购买产品"到"购买服务"转变，因为他们直接面对的将不再是复杂的硬件和软件，而是最终的服务。对知识管理而言，它具有降低运行和使用成本、持续获得新技术、实现更大程度的知识共享、快速提升知识管理能力，以及安全可靠的优点。这些优点为知识管理提供了新的解决方法，使知识管理能够更好地提供服务。

（五）云计算商务智能系统

商务智能的主要任务是对企业级数据进行分析，多角度、多层次地分析各种业务指标和构建业务知识模型，为企业管理者的商务决策和企业管理提供辅助支持。云计算技术的应用对商务智能系统的功能产生了深远的影响，SaaS商务智能系统能够实现按需定制和动态扩展，为用户提供良好的灵活性。维基百科、推特、You-Tube和Facebook等社会软件的普及促进了群体智慧的产生，也使得商务智能系统具有社会性的功能。

云计算环境改变了商务智能的体系结构和数据存储方式，在运行云计算商务智能的数据中心里也存在着虚拟机部署优化问题。在云数据中心中，虚拟化技术能够将上层服务与底层硬件分离，有利于资源的整合和统一管理，能够实现资源灵活调度和充分利用。随着云计算技术的发展，虚拟化技术在数据中心的应用已经由以进程为粒度、以物理机为粒度转变为以虚拟机为粒度，因此虚拟机的管理成为数据中心中虚拟化技术发展的关键问题之一。云数据中心虚拟机的管理通常可以分为两个阶段，分别是静态初始化部署和动态管理。

随着SaaS商务智能的逐渐推广，用户群成千上万，用户需求也越来越趋于个性化。信息网络化和需求多样化使得市场和客户需求变化迅速，业务流程呈现动态、变化的新特点。如何满足市场上不同用户的业务流程个性化定制需求和构建多租户演变模型从而更高效地管理租户需求，是当前SaaS商务智能亟待解决的问题。在云计算应用环境中，商务智能系统社会性的功能越来越重要。社交媒体网络正在改变着企业进行商业活动的方式，无论是内部还是外在，商业智能都处于这些社会化革新的中心。社会化商业智能是商业智能加上知识管理，加社会网络和协作，再加上社会化媒体的监督与分析。

第二节　云计算大数据管理技术

云计算时代网络高速发展，使每个人都成了数据产生者，物联网的发展更使数据产生呈现出随时、随地、自动化、海量的特征，大数据不可避免地出现在了云计算时代。管理技术是数据中永恒的话题，云计算智能管理系统的开发全过程贯穿数据管理技术。现代云计算智能管理系统中的数据规模越来越大，增长速度快、类型和来源更加多样化，潜在价值更加丰富，致使大数据管理的难度越来越大，云计算大数据管理技术应运而生。

一、云计算大数据管理技术阶段

数据管理技术是指人们对数据进行采集、组织、存储、加工、传播和利用的一系列活动的综合，经历了人工管理、文件管理、数据库管理、高级数据库四个阶段。每一个阶段的发展以数据存储冗余不断减小、数据独立性不断增强、数据操作更加方便和简单为标志，各有各的特点。最新的大数据管理技术与云计算联系，形成又一种新阶段——云计算大数据管理阶段。

从云计算之父麦卡锡（McCarthy）提出云计算的概念到大数据之父格雷（Gray）等提出科学研究的第四范式，时间跨越半个世纪。以硬件为核心的时代也是面向计算的时代，那时数据的构成简单，数据之间基本没有关联性，计算和数据之间的对应关系简单而直接。以网络为核心的时代数据构成变得十分复杂，数据源多样化、不同数据间隐含关联性，这时计算面对的数据变得非常复杂。云计算、大数据便在此背景下出现。随着谷歌MapReduce和谷歌文件系统（Google File System，GFS）的发布，大数据还涵盖处理数据的速度。随着数据本身的改变，数据管理已进入到云计算大数据管理时代，从过去数据库一家独大到新的数据云，会产生新的需求，产生更多、更快的数据，分布更广、更多样的数据，同时这些数据为人类提供服务。大数据管理技术阶段的主要技术如下：①开源技术的出现。开源使得客户可以以非常低的门槛使用到技术，所以开源技术深受开发者欢迎。②大数据分布式存储思想。利用已有的空闲磁盘组成集群来存储庞大的数据量，可以不再需要大规模采集服务器存储数据或购买巨大容量的磁盘，大大减少硬件的成本。Hadoop分布文件系统（HDFS）是大数据分布式存储的代表。③大数据分布式并行计算处理。同时使用多种计算资源解决计算问题的过程叫作并行计算，其主要目的是快速解决大型且复杂的计算问题。MapReduce是谷歌提出的一个用来处理大数据集的并行处理模型，而Hadoop是MapReduce的开源实现，是企业界及学术界共同关注的大数据处理技术。④大数据访问技术。大数据访问技术主要实现对传统关系型数据库和Hadoop的访问，将Hadoop与传统关系型数据库联系，为Hadoop的发展奠定了技术基础。其主流技术包括Pig、Hive、Sqoop等。⑤大数据组织调度技术。在大数据访问之上就是对大数据的组织和调度。大数据组织和调度为大数据分析做好了准备，有效的组织调度是为高效地分析大数据做基础。主流技术包括HBase、Avro、Flume、ZooKeeper。⑥大数据分析技术。大数据的价值及其重要性已经在一些领域得到证明，大数据的价值通过分析大数据体现。大数据分析通过相关的商业智能分析来实现，其中最重要的技术是数据挖掘和数据仓库。⑦大数据连接技术。实现大数据平台和传统数据平台的结合，使得大数据分析平台得以与关系型数据库、数据仓库连接。具有代表性的是ETL平台。⑧大数据安全运营支撑技术。进行大数据治理、安全性和大数据保护。

云计算是大数据处理的核心支撑技术，是大数据挖掘的主流方式。因为大数据的超大规模需要容量大、速度快、安全的存储，满足这种要求的存储离不开云计算。高速产生的大数据只有通过云计算的方式才能在可等待的时间内对其进行处理。同时，云计算是提高对大数据分析与理解能力的一个可行方案。大数据的价值也只有通过数据挖掘才能从低价值密度的数据中发现其潜在价值，而大数据挖掘技术的实现离不开云计算技术团。

二、大数据管理的基本流程

大数据种类各种各样，应用和需求都不尽相同，但大数据管理的流程基本一致。大数据管理的基本流程为：大数据来源采集→大数据抽取→大数据存储→大数据分析→大数据解释应用。

（一）大数据来源采集

数据管理分析都需要数据源，大数据尤甚。各行各业都需要大数据，例如：医疗中各种疾病的数据，农业的作物、天气、病虫害、土壤资料等数据，工业上各种制造产品、设备的数据，金融行业中客户资料和产品数据等，对大数据的需求涉及经济社会的各个方面。

（二）大数据抽取

大数据来源广泛多样，这意味着数据复杂，要对数据进行处理须判定数据的有用性，对数据源进行抽取和采集，从中提取出关系和实体，经过关联和聚合之后采用统一定义的结构来存储这些数据，保证数据的质量和可信性。大数据抽取和集成技术不是一项全新的技术。现有的方式大致可分为基于物化或 ETL 方法的引擎、基于联邦数据库或中间件方法的引擎、基于数据流方法的引擎，以及基于搜索引擎的方法。

（三）大数据存储

大数据存储与以往统一将这些数据集中存放在一个大磁盘阵列中不同，需要将它们存储在多台计算机上，这是因为不但要存储大数据，还要随时能使用这些数据。这些数据往往采用分布式方式存放在计算机设备上，以便可以同时在多台计算机上进行并行处理。根据数据结构的不同，可以将大数据划分为非结构化大数据、半结构化大数据和结构化大数据。分布式文件系统、数据流处理系统和分布式数据库系统分别是针对这三类数据的存储方式。

（四）大数据分析

每两年，互联网上的数据都会翻一番，大数据分析已由常规的数据分析开始转向深度分析，数据分析日渐成为企业获取利润必不可少的支撑点。分析挖掘一方面是为了得出对总体未来的准确预测；另一方面是为了对目前个体间差异或相同的原因分析，找出其关联性。数据分析是整个数据管理流程的核心，因为大数据的价值产生于数据分析。数据分析系统通常由数据源、数据仓库系统和挖掘分析系统这三部分组成，数据建模、挖掘、机器学习和数据仓库是代表性技术。

（五）大数据解释应用

人们往往关心结果应用，大数据处理后的结果具有战略意义，大数据管理的最终目标也是大数据的价值体现。如果分析的结果正确，但是没有采用适当的解释集成方法，得到的结果很可能让用户难以理解，极端情况还会误导用户。如何把结果应用到实际中，传统的数据解释方法是直接以文本形式输出结果后再在电脑终端显示结果，但大数据的分析结果往往也是海量复杂的，这时传统的解释方法往往不可行。大数据的解释方法中具有代表性的技术是可视化技术，即让用户能够在一定程度上了解和参与具体分析过程。

三、大数据处理模式

在一个大数据文件系统中，通常需要对海量、实时、快速数据进行三种不同的处理模式，即实时处理、交互处理、批处理。

（一）实时处理

在海量、多样的数据中，有些数据的价值会随着时间的流逝而降低，这时候就不需要对数据进行存储而是直接对其处理分析，所以应该在事件发生之后尽快根据需要进行实时分析处理。在大数据理论中，为需要进行实时分析处理的数据可称之为数据流。数据流中的数据源源不断地实时到达，不同时间段数据产生的频率和分布都有可能发生很大变化，需要实时处理，而且系统无法控制要处理数据元素的顺序，数据流中的某个元素经过处理之后，要么被丢弃、要么被归档存储。

在大数据领域实时处理数据时，可以应用复杂事件处理机制对大数据进行实时的或近似实时的处理，处理来自多个信息系统的大量运行中的数据，从而探测到不期望的系统行为或其他特定的期望行为模式，对未来事件做出预测。

（二）交互处理

交互处理是传统大数据领域的一种分析方法，强调的是快速分析数据，典型的交互处理应用是数据钻取。例如，在商务智能中，对数据进行切片和多粒度的聚合，从而通过多维分析技术实现数据的钻取。针对大数据TB级别，进行钻取和交互式分析自然不容易。Apache的Drill项目正是一个基于Hadoop的对大数据对象进行钻取和交互式分析的项目。

（三）批处理

批处理是对某对象进行批量的处理。Google公司在21世纪初提出的MapReduce编程模型是最具代表性的批处理模式。概念Map（映射）和Reduce（归约），以及它们的主要思想都是从函数式编程语言，以及矢量编程语言里借来的特性。它极大地方便了编程人员，使他们在不会分布式并行编程的情况下，将自己的程序在分布式系统上运行。

MapReduce的核心设计思想在于：任务的分散和结果的汇总，即将问题分而治之；同时，由于这个过程是将计算任务分配到数据所在的服务器，有效地避免了数据传输过程中产生的大量通信开销。MapReduce模型简单，且现实中很多问题都可用MapReduce模型来表示。因此，该模型自公布之后就得到广泛的重视，并在生物信息学、文本挖掘等现实领域得到广泛的应用。MapReduce的应用将在大数据分析技术中做进一步介绍。

四、大数据系统管理基准

数据管理系统的评测基准种类多样，不但包括面向关系型数据的基准评测，还包括面向半结构化数据、对象数据、流数据、空间数据等非关系型数据的评测基准。现有的大数据基准很多，但是它们的评测能力各有不同。总体来说，针对MapReduce框架的评测基准已经相对成熟，后续发展空间受限；对于多平台功能评测来说，由于新的大数据管理架构不断出现，仍然会有较大发展潜力；基于应用的大数据评测基准历来具有较强的表达能力，然而现在尚无广为学界、工业界所能接受的相关基准，因此也具有很大的发展空间。

第三节 云计算知识管理系统

一、云计算知识管理概述

（一）云计算对知识管理的影响

随着科学技术的发展，人类已进入知识经济时代。知识经济是建立在知识的创新、共享与应用基础上的经济。相比传统的经济形态，知识经济具有如下特征：知识成为一种重要的生产要素；知识密集型产业占国内生产总值的比重逐年提高；知识具有无形资产的性质；知识传播网络化。随着知识经济的发展，人们对知识重要性的认识进一步加深。最大限度地利用企业已有的知识资源，最大范围地实现知识资源在企业内及企业间的传递与共享，已成为企业和组织机构在知识经济时代的迫切要求。为了适应这一迫切要求，知识管理科学应运而生。

随着信息技术的不断进步和生产力的稳步提高，人们对知识的需求无论是从广度上，还是从深度上都提出更高的要求，面对海量的信息，如何获取有用的知识、如何获得用户所需要的知识、如何获得信息资源中潜在的知识、如何获取异构系统的知识，从而提升用户的工作效率，是知识管理研究新的热点问题，也是难点问题之一。从信息技术的角度来看，知识管理是信息管理的进一步发展，该领域的研究人员习惯于把知识等同于对象来进行管理，并运用知识管理系统、人工智能等技术手段实现知识的表示、传播和应用。随着面向服务体系结构（Service-Oriented Architecture，SOA）和云计算商业模式的提出，服务已成为互联网上一种最为重要的计算资源。云计算的下列特征，正迎合企业知识管理的需求。

一切即服务：云计算包括IaaS、PaaS和SaaS三个层次的服务。在云计算模式下，终端用户基本上不需要拥有一些复杂的硬件基础设备和应用软件，这些基础设备与应用软件都可以采用租用的方式获得，而这些资源都是由云计算服务供应商以服务的方式提供，终端用户依据自己的需求向云计算服务供应商租用，并支付相对比较低的使用成本。

规模经济性：云计算将计算、存储、应用程序等资源以服务的方式提供给用户，多个用户可以同时共享资源，这使得资源的利用率极大地提高。服务器CPU、内存和硬盘等可以根据所有终端用户的需求变化而调整，所有用户和单个用户的成本极大地降低。云计算服务供应商通过互联网为用户提供大量的服务，这些服务同时也能够满足大量用户的基本需要，因此云计算服务具有相当的规模经济性。

具有弹性：弹性是指云计算体系架构可以方便地按照终端用户实际需求意愿适时地调整其应用资源的规模。云计算平台具有弹性特征，系统可以同时支持单个用户的需求，也可以支持数百万的终端用户的需求，这种改变对服务价格的影响并不会太大。云计算模式使得单位成本不再依赖于硬件和应用软件的投入，它可以按照用户的实际需求向用户提供弹性服务，并按使用资源的实际数量收取服务费。该特性使终端用户的数量和服务的经济性指标不再息息相关。

云计算提供了开放的标准、可伸缩的系统和面向服务的架构，使组织能够以灵活且经济实惠的方式提供可靠的、随需应变的服务。在云计算环境下，用户的使用观念也发生彻底的变化：从"购买产品"转变到"购买服务"，因为它们直接面对的将不再是复杂的硬件和软件，而是最终的服务。对知识管理而言，云计算具有如下五个优点：

1.降低运行和使用成本

知识管理通常需要借助一定的技术平台和系统，而这些软件系统和平台通常都价格不菲。在云计算环境下，软件服务提供商根据客户所定制软件的数量、时间的长短等因素收费，并通过互联网提供软件服务。这种按需购买的服务显然比整体购买产品的价格要低廉很多。当然这种模式并不新鲜，如：Dialog数据库很早就采用按访问的时间和数据库记录来计算费用。但是Dialog仅提供数据服务，而现在的云计算，其提供服务的深度和广度是Dialog不能匹敌的。正因如此，云计算商业模式深受用户的喜爱，其中成本显著降低是选择的重要因素之一。在云计算环境下，经常只要花费几百元、几天时间就能完成以前需要数万元、数月时间才能完成的任务，而且云计算由于具有功能强大的服务管理平台，在将更多的软件资源添加到云时，管理成本基本不会增加。

2.持续获得新技术

在企业进行知识管理的过程中，离不开必要的技术平台和软件的支持。目前提供这类平台和软件的公司国内外都不在少数，国外如IBM/Lotus、西门子、微软等公司提供的知识管理系统，国内如Kmpro知识管理系统、HOLA企业内容管理系统、管理123、3Hmis综合知识管理系统、HollyKM知识管理系统、edoc2知识管理平台、蓝陵EKP知识管理解决方案、TRS知识管理等。这些软件都有一个让用户"头痛"的特点：不断更新，很多企业被迫升级换代、疲于应对。在云环境下，企业无须花费太多即可通过互联网享受到云端相应的硬件、软件等的维护和升级服务，使企业知识管理的支撑技术始终处于先进水平。

3.实现更大程度的知识共享

在目前的情境下，由于技术条件的差异，组织共享知识的能力和程度差异很大。在云计算环境下，传统的电脑、笔记本、平板电脑、智能手机、智能电视，乃至新的产品形态都可连在云的终端，实现高性能的计算。特别是平板电脑、智能手机，虽然软硬件的性能均不及电脑，但是它们携带方便、价格低廉，连接云端后一样可以享受到先进的软件和硬件支持，这些软硬件就如同本地安装的一样方便使用。如果说电子商务为中小企业和大企业的市场竞争提供了可能，那么云计算就为中小企业与大型企业竞争提供了内部运营管理的可能。云计算使知识管理者可以随时随地访问知识资源，灵活地扩大或缩小知识资源范围，并可实现快速的、请求驱动的自由调配，这种"按需获取、按需使用、快速聚合"的知识资源管理新模式，为知识资源的分类、获取和创新提供了一个良好的平台，有助于降低知识管理者工作的复杂性，提高知识管理的效率，使知识的生产、共享和创新都能达到空前的便利，并具有非同寻常的吸引力，从而极大地激发知识管理者参与的积极性。

4.快速提升知识管理能力

知识管理能力的差异取决于知识主体的基本条件，其中之一就是技术条件。云服务提供商在提供基础技术平台的同时，也能提供面向应用的实际服务，从而使用户在较短时间内实现知识管理能力的快速提升。面对不断增长的激烈市场竞争，上海电信采用动态的云基础架构进行语音与数据通信、电影电视娱乐，以及托管类业务应用等IT服务管理。该解决方案创建了共用资源池，并使用微软主机动态数据中心工具，这是一套可从微软网站免费下载的解决方案，其中提供的指南、范例代码、最佳实践，以及附属内容，可帮助托管供应商快速构建并发布Windows Server2008 Hyper-V技术，以及System Center程序驱动的受管服务。该工具还包含营销指南，可帮助托管商开展受管服务与解决方案的营销与销售工作。通过使用该工具，上海电信创建了一个自助服务门户，可供客户通过任何网页浏览器下订单，并管理自己的IDC资源。上海电信在较短时间内就提升了信息与知识管理的能力，让工作量减少一半。

5.安全可靠

知识管理服务提供商拥有专业的技术团队，为知识管理提供维护和安全保障。云服务可以采用严格的用户权限管理策略，有效提高云知识服务的安全性。"云"使用数据分散存储管理、数据多副本容错、数据自举恢复等措施保障服务；采用多级安全隔离和访问控制技术抵御外来攻击，云网络随时监视软件行为的异常，获取互联网中木马、恶意程序的最新信息，推送到服务器端进行自动分析和处理，再把病毒和木马的解决方案分发到每一个客户端，用户可以共享高质量的数据安全防卫。这些举措使用云计算技术存储的数据具有较高的安全性和可靠性。例如，微软私有云提供了统一的管理（使用System Center）、身份验证（使用Active Directory）、虚拟化（使用Hyper-V），以及开发工具（使用Visual Studio.NET）等，使用System Center App Controller 2012，跨越私有和公有云环境来管理和运行应用程序，并提供关于部署、管理和消费应用程序的充分的可见性和控制性。

（二）云计算知识管理的体系结构

云制造是云计算技术在制造领域的运用和发展。云制造环境下制造资源知识呈现出多源、跨学科、动态性和增量式更新等新特点。针对制造资源知识管理的新特点，需要研究建立云制造模式下面向服务的知识抽取、个性化推理、基于语义的知识服务匹配与检索、知识服务融合，以及知识服务共享的知识管理系统。该体系架构主要包括知识源、知识服务器，以及知识消费三大模块。知识源是指分布在不同地点的制造资源知识；知识服务器是知识管理体系的核心，将制造知识源进行分析和数据挖掘转换成知识服务，放置到知识服务器，供知识消费者使用；知识消费指知识消费者对知识服务的需求，以及知识服务器可提供的知识服务支持，主要包括知识服务匹配与检索、知识服务组合优化、知识服务融合、个性化推荐等功能子模块。

云制造环境下的知识源具有多源、动态、异构性等特点，不仅包括大量的显性知识，如各类业务信息（订单、交易登记等）、生产过程与行业规范、科技文献资料等，还包括丰富的隐性知识，如技术人员制造过程加工、生产和设计等经验知识，领域专家丰富的经验知识等。显性知识源是由不同的合作伙伴建立，不仅存储上具有分布式特点，形式上也是异构的，甚至在语义和内容上是相互冲突或相互重叠的。知识具有跨学科多变性，隐性知识显性化异常困难，基于此需要实现云制造服务平台下面向服务的、松散耦合及可扩展的多源异构知识抽取和存储，建立云制造模式下的知识管理系统。

二、云计算知识服务匹配

在面向服务的体系结构中，服务匹配是在云计算服务注册中心的服务库中检索到匹配用户需求的服务信息，是一种重要操作过程，是根据请求者的输入筛选出合适的服务，过滤掉请求者不感兴趣的服务。在云计算环境大数据的背景下，存在大量的用户和海量的服务。这些海量的服务存储于服务注册中心服务库中，并且这些服务可能存在大量的冗余和相近特性，如何查找出满足用户特定需求的优质服务是一个繁杂和困难的过程。面对纷繁复杂的海量知识服务资源，如何快速、准确地搜索到用户所需的知识服务已成为当前云计算知识服务亟须解决的关键问题之一。

（一）服务匹配

1.服务匹配策略

由于服务注册中心服务库中的服务具有一定的冗余性，加上服务请求者的查询条件的模糊性，使得服务请求者在查询服务时会搜索到大量相似的服务。一般的解决办法是进行二次查询或随机抽取，但这样做会造成服务匹配的效率低下，同时匹配的服务也不一定能满足用户的需求。因此，需要借助好的查询优化方法。服务匹配就是指在大量的相似服务中，查找到一个确定的服务，该服务最能满足用户的特定需求。

服务匹配旨在根据用户对目标服务的需求描述，利用服务匹配算法，从数量庞大的服务群中找到能够满足用户需求的服务。目前，国内外对服务匹配方法的研究主要分为以下两个级别：

（1）语法级

通过对服务注册信息，如服务名称、服务功能、服务输入输出等，进行关键词的机械式匹配来发现服务。用户以关键词的形式提交所需服务的匹配请求，系统将用户所提交的关键词与各服务进行语法层次上的匹配，最后将含有该关键词的服务作为搜索结果返回给用户。语法级服务匹配方式效率较高、易于实现，但其主要从字符的表现形式上进行匹配，缺乏对服务语义信息的描述，匹配搜索的结果集过于庞大，查准率与查全率较低，搜索效果难以令人满意。

（2）语义级

语义级别的服务匹配是指将语义信息添加到服务匹配中，采用本体对服务的名称、功能、行为等进行语义描述，在语义层次上完成服务的匹配。卡内基梅隆大学提出一种基于OWL-S的服务匹配方法。该算法通过对领域本体概念间的层次关系的推理将服务匹配分为4个不同等级，是服务匹配的一个经典算法。语义级匹配依赖逻辑演绎和推理，其匹配的精确度较高。

影响服务匹配的因素很多，包括服务的相似特征、服务调用次数和用户对服务的评价等。根据这些影响因素，存在两种服务匹配策略，即最近优先使用策略（Lately Priority Use，LPU）和最近最多使用策略（Recently Maximum Use，RMU）。最近优先使用策略定义为在满足条件的一组相近的服务中，选取最近使用的一个服务，将该服务作为匹配结果输出；最近最多使用策略定义为在满足条件的一组相近的服务中，选取最近一段时间内使用次数最多的一个服务，将该服务作为匹配结果输出。服务匹配策略的选择是根据用户的偏好和服务库的更新情况来决定的。最近优先使用策略适用于服务库中服务更新频繁、变化较大的情况；最近最多使用策略适用于服务库中服务更新相对稳定、变化不大的情况。

2.服务匹配模型

在面向服务体系结构中，对服务的操作包括服务发布、服务匹配和服务绑定。服务匹配是关键操作，在知识服务系统中服务匹配有对应的模块，该模块的功能就是根据服务请求者的需求在服务库中检索出特定的服务。

服务提供者通过用户接口发布所提供的服务，并且通过描述模型进行语义描述。服务提供者发布的服务是通过本体进行建模的，因此服务提供者可以构建相应的服务本体，这些领域本体储存在本体库中，可以利用本体解析器对其中的语义信息进行解析。另外，在进行服务匹配阶段可以利用本体推理模块对属性间的隐含语义关系进行推理。服务请求者对服务请求进行描述，并通过用户接口进行采集，紧接着用户的服务请求需要进行预处理，同样通过描述模型进行语义描述。服务匹配模型会通过信息提取模块获得匹配时需要的信息，包括功能信息和非功能信息两个方面的信息，根据服务请求的属性信息在服务资源中选择具有相关属性的服务，将它们作为初始结果集。这些初始结果集的属性信息通常具有不确定性，要通过基于本体的概念相似度算法对候选服务属性信息的不确定性计算加权相似度。接下来，计算候选服务的属性与服务请求的属性的匹配度，这里的匹配度是一个综合匹配度，综合考虑功能属性匹配度和非功能属性匹配度两个方面。

服务匹配是服务共享、服务重用的重要前提，查全率、查准率，以及匹配效率为其主要评价指标。匹配结果集的好坏直接影响服务质量的高低。

（二）基于本体的服务匹配与搜索

在知识服务系统中，本体（Ontology）往往作为知识基础存在。本体是共享概念模型的形式化规范说明，通过对概念、术语及其相互关系的规范化描述，勾画出某一领域服务信息的基本体系，并提供对该领域普遍和共享的知识理解。它能表达领域的对象层次模型，如组织、资源、产品等，也能表示抽象的事务，如信念、目标、计划、活动等。本体技术的应用有力地推动了语义层次上服务匹配与搜索的发展。

本体在知识服务系统中得到大量应用的基础是它为知识的描述和查询提供明确的语

义词汇表，并且可以支持基于公理和语义规则的知识推理。使用本体进行知识服务的基础有两点：一是本体描述语言的选择，二是领域本体的构建。在知识服务系统中，除了作为知识基础的本体，还有一个重要的部分是作为知识载体的资源信息，包括文本、网页、图片、多媒体资料等。大部分时候，用户使用知识服务系统的主要的目的就是尽量快捷和准确地获得这些资源信息，那么如何将这些知识载体和知识基础之间建立关联，就是在构建知识库中的一个重要工作，而这项工作，在基于本体的知识服务中一般都是通过本体标注来完成。对资源进行本体标注的过程，就是将资源打上若干本体概念或本体概念片段的标签，这个步骤可能由人工完成或由机器进行自动标注，通过这些本体标签，我们就能在使用本体库中的知识确定用户需求后，在资源库中找到适当的内容提供给用户。

基于本体的服务匹配主要特点在于它可以理解服务的内在含义，在语义层次上完成用户的匹配请求，准确、全面地理解用户需求，提高查准率与查全率。

（三）云计算知识服务匹配与搜索方法

基于上述分析，云计算知识服务匹配采用基于本体的服务匹配方式。本体的构建分为手工构建与机器自动构建两种方式，我们主要采取手工构建本体的方式。本体构建过程中最基本的任务是捕获制造领域内服务的概念、概念与概念之间的关系、概念的继承层次，以及潜在的公理等，在领域专家和本体专家的协助下构建合理的制造云服务领域本体。

语义推理依据本体蕴含的语义推理规则识别出映射概念间的关系，给出相关概念的语义扩展，使制造云服务的匹配与搜索更加智能化。运用推理规则从已知的制造云知识服务中推理出未知的、隐含的云知识服务，实现相关问题的查询，使搜索具有人性化，更好地满足用户的需求。

（四）制造云知识服务匹配实现

云制造服务平台为制造全生命周期提供可随时获取、按需使用、安全可靠、高效低耗的服务。它通过互联网将分散在不同地理位置的制造资源，以服务的形式集中在云制造服务平台上，同时供多个用户按需获取服务，具有较强可扩展性。

制造云服务匹配在云制造服务平台中起着重要作用。服务搜索的效率及搜索结果的准确性、全面性等为用户进一步应用服务提供了前提条件。用户可以根据自己的要求选择搜索条件，页面下方会根据用户所选条件显示具体搜索内容框。用户在输入搜索条件的同时可为该搜索条件选择其权重（权重值分为高、中、低三个等级）。如用户在查询条件中选中服务名称时，页面下方显示服务名称查询项，用户可根据需要输入服务的名称并为其选择权重。用户在提交搜索条件后，系统会根据上文所述的制造云服务匹配与搜索方法对服务进行搜索并返回相应结果。搜索结果按相似度的高低进行排序，供用户查阅。

第四节 云计算商务智能系统

随着互联网和云计算技术的不断普及和迅速发展，企业的信息化和全球化程度越来越高。面对竞争激烈且瞬息万变的市场环境，越来越多的管理者开始借助商务智能（Business Intelligence，BI）技术来辅助决策，以提高企业决策和流程的效率。商务智能的主要任务是对企业级数据进行分析，从中提取有价值的信息和知识，为企业管理者的商务决策和企业管理提供辅助支持。商务智能的应用目标是为企业提供统一的商务分析平台，充分利用原有系统中积累的业务数据，进行加工整理和分析挖掘，多角度、多层次地分析各种业务指标和构建业务知识模型，帮助企业更好地预测未来。由于云计算环境的开放性、服务资源的虚拟性，以及商务决策的协同性，云计算环境下的面向服务的商务智能已经成为研究和应用的热点。

一、云计算商务智能系统概述

（一）云计算商务智能的现状

商务智能能够提升企业共享、获取和分析知识的能力，已成为企业智能化决策、实现商务利益的重要手段和工具，广泛地应用于金融、制造业及气象等领域。

Web 2.0技术的应用对商务智能系统的功能产生了深远的影响。维基百科、推特、YouTube和Facebook等社会软件的普及促进了群体智慧的产生，也使得商务智能系统具有了社会性的功能。物联网的推广使得用户需要对变化的环境做出快速响应，已不满足于分析历史数据，因此商务智能呈现分布式的特征，且具有实时数据分析的功能。基于内容的Web应用促进了知识智能的发展，商务智能处理的信息越来越多的是基于内容和非结构化的数据，商务智能系统逐渐具有语义应答的功能。云计算面向服务的特征使得商务智能系统可以利用外部可获得的服务资源组建，实现应用的可定制，商务智能越来越具有个性化，解决问题的针对性更强，甚至可以通过API将BI的功能嵌入到其他应用系统中。

软件即服务模式是网络应用中最具效益的营运模式，用户以付费使用的方式享受云环境下的软硬件和维护服务，享受软件使用权和升级服务，不再像传统模式那样在软硬件和维护人员方面花费大量投资。SaaS BI是一种新的BI系统组建模式，能快速地为用户在数据、功能、界面和流程等层面定制一套个性化的业务分析系统，用户只须专注于从业务角度进行查询分析和创建商务智能报告；根据租户的业务规模，SaaS商务智能系统能够实现按需定制和动态扩展，可以为用户提供良好的灵活性。学术界和业界对SaaS商务智能的研究主要集中在系统结构、SaaS 数据仓库及 SaaS 多租户技术等方面。

（二）云计算商务智能体系结构

云计算商务智能系统的体系结构采用分层体系结构，通常分为七个层次，即显示层、应用服务器层、数据分析层、数据存取层、数据共享层、中间件层、数据存储层。

显示层为用户提供交互和可视化功能，包括个性化定制和数据可视化，用户通过个性化定制模块定制自己的个性化任务，可以进行功能、界面，以及业务流程的定制。数据可视化包括条形图、饼图、柱状图、线形图、树形图、思维图、甘特图和 OLAP、仪表盘等，也可嵌入第三方可视化服务。

应用服务器层处理访问云计算商务智能系统的请求，为请求提供虚拟的应用服务实例。Web 服务器接受访问云计算商务智能系统的请求，Web 服务器会将请求转发到应用服务器。应用服务器在处理请求的时候，会调用数据存取层的用户验证服务，对租户进行安全验证，验证用户的合法性。用户验证通过后，根据用户的数据请求，调用租户所属的共享数据仓库取得相应的面向租户主题的业务数据和用户管理数据。通过元数据驱动的多租户架构，对描述应用服务实例的元数据模型进行管理，动态快速生成可伸缩的和可定制的应用服务实例。

云计算商务智能系统的数据分析层为用户提供基于云计算技术的 OLAM 服务、分类建模服务、聚类建模服务和关联规则挖掘服务。在云计算环境下，基于 Hadoop 的分布式平台采用 MapReduce 的并行编程模式，任务被自动分成多个子任务，通过 Map 和 Reduce 两步实现任务在大规模计算节点中的调度与分配。数据分析层将 OLAM 和数据挖掘算法扩展为 MapReduce 并行编程模式，在云计算环境下通过软件即服务的方式来满足用户对数据挖掘算法的个性化和多样化的应用需求。

数据存取层对数据的存取进行管理，包括用户验证、处理用户数据请求、实现用户数据隔离。数据共享层构建共享的数据仓库和隔离的数据集市，为应用层提供数据支持。中间件层在基础设施层资源的基础上提供多种服务，用于支撑数据共享层、数据存取层和应用层，也可以被用户直接调用。数据存储层是为中间件层或者用户提供存储资源。系统管理是为体系结构中各层提供管理和维护。通过虚拟化技术，能够在一台物理服务器上生成多个虚拟机，并且能在这些虚拟机之间能实现全面的隔离，不仅能减低服务器的购置成本，还能降低服务器的运营成本。通过分布式缓存技术，不仅能有效地减轻对后台服务器的压力，而且还能加快响应速度。

为了高效存储和管理海量数据，BI 需要一套完整的分布式的存储系统。对描述应用服务实例的元数据模型进行管理，通过元数据驱动的多租户架构来动态生成可伸缩的和可定制的应用服务实例。共享的关系型数据库是在原有的关系型数据库的基础上做了扩展和管理等方面的优化，使其能够支持多租户架构。管理层为横向的七层服务，提供多种管理和维护等方面的技术，主要有六个方面，即账号管理、计费管理、等级服务协议（SLA）监控、安全管理、虚拟资源管理、运行维护管理。

云计算商务智能系统体系结构主要包括基础设施资源的虚拟化模块、海量数据的并行处理模块、支撑云计算商务智能系统的多租户模块、共享数据仓库模块、数据存取模块、分类模型服务模块、聚类模型服务模块、用户个性化定制模块、可视化模块、云计算商务智能系统的维护与管理模块等。系统管理由运行维护管理、虚拟资源管理、安全管理、SLA监控、计费管理和账号管理组成。

（三）云计算商务智能发展趋势

近年来，云计算商务智能解决方案得到迅猛发展，呈现出以下趋势。其中一些趋势已经显现，这些趋势将会在未来获得更大的发展。

1.自助商务智能

自助商务智能的发展逐渐加速，并将会在未来获得更多的动力。企业将会更多地采用基于网络的互动查询和报告工具，这些工具让终端用户可以快速地获取企业数据，为其提供更多的数据分析能力。许许多多的供应商，包括IBM、SAP、Information Builders、TIBCO Software、QlikTech和Tableau Software都可以提供此类工具，而且越来越多的企业也开始采用这些工具，以便可以为非技术用户、行业分析师或者其他用户提供商务智能分析。自助商务智能工具很大程度上加速了报表的设计与生成。利用这些工具用户可以很容易地制作个性化报告，报表比使用传统标准化报表更能反映其需求。

2.SaaS商务智能

随着SaaS商务智能的发展，更多的自助BI工具将会出现，也会有更多的公司使用SaaS商务智能。例如，利用SaaS商务智能的纽约女性成衣公司Bernard Chaus。该公司使用BI应用程序在每家高档连锁商店跟踪其服装的销售情况。公司高管每周仔细筛选来自各连锁商店的销售数据，以便得到每家连锁商店的库存，进而得出哪家连锁商店业绩更好。这些数据还用来研究哪种服装款式和设计更受大众欢迎，销售得更好。消费者对某些款式的反馈有助于商家在未来设计出更能被大众接受的服装。通过分析和学习这些销售数据，商家可以为消费者提供更好的服装，而且公司还能知道如何鼓励消费者购买公司的产品。

除了使用BI应用程序托管，Bernard Chaus公司还与IBM业务合作伙伴Sky-IT集团公司签订了合作协议，SkyIT集团公司提供SaaS商业智能服务。SkyIT把Bernard Chaus公司的各家连锁店的销售数据收集上来，然后筛选数据，并把这些数据提供给Bernard Chaus公司进行分析。这种方法让Bernard Chaus可以以较低的成本使用BI工具，这比传统商务智能系统的成本要低很多。许多大型和小型厂商已经开始推出不同类型的SaaS商务智能服务。很多企业也倾向于把一部分BI应用程序移交给这些厂商。在大多数情况下，SaaS BI供应商可以以较低的价格提供服务，而且企业内容还无须花费人力和财力维护。

3.依托Hadoop平台

未来BI市场的另一个发展方向是，更多企业将采用开源软件Hadoop框架搭建商务智能系统。像IBM、Pentaho、Cloudera和Karmasphere这类供应商已经提供了企业级的Hadoop实施。业内预计，未来会有更多的供应商和生产商加入到这个行列。之所以这么多家厂商关注Hadoop，是因为Hadoop让企业可以对更多的数据进行分析，而且比传统的数据库系统和数据仓库系统更容易管理。

Hadoop在社交媒体分析和文本挖掘方面的成功应用，使其受到大多数商务智能提供商的青睐。Hadoop之所以会流行，是因为其可以支持更多的分析和数据类型，可以对比较大型的数据进行分析，简化比较复杂的分析。Hadoop会对大型数据基础设施产生较大的影响。

4.开源商务智能

许多开源工具供应商，将开始提供更完整的BI堆栈，如Pentaho、Infobright、Jaspersoft、Talend和LucidDB。Pentaho已经具有很强的商业Hadoop平台，其他供应商也已经推出了可以与用户产生共鸣的创新技术。位于英格兰剑桥的Bango公司为大型咨询供应商提供移动分析和账单服务。Bango已经开始使用Info-bright的纵列数据库技术，而传统的基于SQL服务器的数据库已经跟不上数据量爆炸式增长。让技术变得如此具有吸引力的是其大型数据集中支持随机复杂查询的能力，这种支持无须任何索引和人工干预。Infobright存储有关数据的元数据，即使在这个数据进入数据库时也可以进行存储。这就意味着，用户不需要索引这些表格。如果采用其他数据库，数据要被导入表中，然后根据查询，需要增加索引帮助加快和支持这些查询。

5.实时分析商务智能

加快数据分析的工具，像SAP的高性能分析应用程序（HANA），会受到越来越多企业的关注。HANA使用一种内存计算技术，该技术允许在一个系统的RAM中处理数据。内存方法可以更快地处理数据，该技术允许公司运行更复杂的数据分析应用程序。目前，这类内存技术比传统的基于磁盘的产品造价更高，但是当这些技术更加成熟，有更多公司使用的时候这种状况将会改变。BI正变得更加具有实时性。企业将会继续推动"一切缓存，一切内存"的发展。这类工具的目的是保证公司部署用户配置，基于搜索的业务分析应用程序将会处理大量的结构和非结构数据。搜索工具正在内嵌入BI堆栈中，可以实现结构性分析和非结构性分析的融合。

二、云计算数据仓库

（一）云计算数据仓库设计

1.系统架构设计

（1）系统整体架构

数据仓库架构是指专为满足企业信息需要的一种系统架构，包括定义数据仓库能力、组件、流程，以及相应的原则，并为数据仓库设计的实施提供参考和依据。按照多层次来设计架构，各层次之间独立并明确各层次之间的接口，这样可以方便系统扩展和维护。这种架构设计是目前比较流行的多层应用结构，适合数据仓库分阶段、按业务主题模块来建设的应用特点。

①系统内各模块接口设计

数据源与ETL体系之间主要的接口有DATAX、DBSync和TimeTunnel。

ETL体系与云梯通过Gateway进行访问，这部分数据的数据转移涉及的数据量较大，是主要的ETL过程。ETL过程主要基于云梯平台的Hive进行ETL相应的转换和汇总计算，生成数据仓库物理模型中的数据，整个过程可通过天网调度系统自动化工具进行流程控制与调度。

OLAP应用、元数据应用与数据仓库数据库之间是通过DATAX进行数据交互。而Portal与这些应用层之间则是通过http协议、WebService进行接口交互的。

②用户访问接口设计

用户的访问接口是指数据仓库应用时为普通业务用户和知识工作者提供用户访问接口和工具。

普通业务用户访问数据仓库应用时通过Portal以B/S方式进行单点登录，并经过统一的安全认证。

知识工作者除了普通用户的访问接口外，还可通过C/S方式使用OLAP多维分析工具进行多维的建模工作和分析需求的实现。

③外部系统的访问接口设计

数据仓库系统对于其他外部系统都能够提供数据访问的应用接口，云梯有多种访问接口，例如，通过DATAX工具进行数据交互或云梯内部通过命令行方式来进行文件操作。

（2）云梯计算存储平台

为了保证数据的可靠性，通常来说数据文件的副本都是三个，一份数据三份冗余。这样一份数据需要占用三倍于其数据大小的磁盘空间。HDFS Raid是一套运行在云梯Hadoop HDFS和MapReduce系统上的组件，其主要作用是根据用户或者管理员配置，将HDFS上某些目录和目录中的文件进行Raid化处理，从而使这些数据在副本下降为2的情况下，还能够提供处理之前副本为3时同样的数据可靠性。从而，在保证数据同样可靠的前提下，节省HDFS集群的存储空间。HDFS Raid系统包含两个大的部分。

①Raid Node

RaidNode负责根据配置或者用户指定的各种策略和raid算法，将一些目录中的数据进行raid化，并将进行过raid处理的数据写入到指定的目标目录中。

②Raid File System

对数据的使用者来说，进行过raid化以后的数据的访问方式与原生的HDFS访问方式稍有不同，需要在HDFS之上通过一层Raid File System来访问经过raid化以后的数据。通过这层File System的包装，即使mid化以后的数据的所有副本全部丢失，Raid File System仍然能够通过相邻的parity block将丢失的数据还原。对于客户端用户来说，这些访问方式的改变仅需要在用户端的配置选项上稍做修改即可对用户透明。

2.面向数据中心的虚拟机部署设计

在云数据中心，虚拟化技术能够将上层服务与底层硬件分离，有利于资源的整合和统一管理，能够实现资源灵活调度和充分利用。随着云计算技术的发展，虚拟化技术在数据中心的应用已经由以进程为粒度、以物理机为粒度转变为以虚拟机为粒度，因此虚拟机的管理成为数据中心虚拟化技术发展的关键问题之一。云数据中心虚拟机的管理通常可以分为两个阶段：第一阶段是虚拟机的静态初始化部署，第二阶段是虚拟机的动态管理。

虚拟机的迁移需要一定的成本，而静态部署质量直接影响动态管理时虚拟机迁移的数，因此高效的虚拟机部署策略显得尤为重要。虚拟机部署问题是一个组合优化问题，群优化算法在解决组合优化问题上具有广泛的应用。

3.数据模型设计

（1）设计概要

关系数据模型用关系表示实体及实体之间的联系，以关系代数为基础，数据独立性强，并且其非过程化的数据存取方式大大降低了数据库编程的难度。非关系数据模型具有更好的可扩展性，很好地解决了多机并行处理的瓶颈，存储容量也不再受限，并且能更好地存储各种复杂的数据类型，查询效率也更高。

基于以上的考虑，可以从数据的具体特性出发，结合关系数据模型与非关系数据模型，建立一种新的云数据模型，用新模型中的关系部分处理复杂的事务需求，非关系部分处理复杂的海量数据需求，具体来说就是对数据实体的切分。在传统的关系数据模型中，实体根据范式要求而被划分为不同的关系模式。然而，在新模型中，可以根据实体的属性类型对实体再次进行划分，划分后的一个实体型由很多子实体组成，并且每个子实体要么属于关系型，要么属于非关系型，各个子实体的物理储存介质都是Shared-nothing结构。

此外，新模型在数据管理的对外接口上，保持已有的关系接口不变，新的功能封装在已有的关系接口中。在处理新的复杂的数据类型时，首先在实体模式的定义中标记数据的对应属性（用Blob做约束），然后系统模型就会自动转换到对应的处理模块，例如，当用户处理事务性较弱的大批量数据操作时，系统就会进行自动转换。新模型数据实体有低耦合、高内聚的特性，因此有很好的可扩展性，并且不限于存储基本的数据类型，做到了与结构化数据关系模型的平滑过渡，有很好的可用性。

（2）数据结构设计

数据结构是描述数据模型最重要的方面，因此在数据库系统中，人们通常按照其数据结构的类型来命名数据模型。常见的数据结构有层次结构、网状结构、关系结构，它们的数据模型分别命名为层次模型、网状模型、关系模型。

由于新模型同时管理了小字段的结构化数据和大字段的非结构化数据，并扩展数据仓库管理系统中垂直分片的技术，因此总体上表现为层次结构的数据模型。

（3）数据操作设计

新的数据模型支持查询、插入、删除和修改等操作，并且对复杂数据的查询进行了优化。针对实体的不同属性，新模型的数据操作也有如下的特点：①通过统一接口控制关系层和非关系层数据的插入或者删除；②数据查询在接口中优化为通过关系层和非关系层的查询；③对关系层和非关系层的数据访问可并发进行；④非关系层数据的读写并发根据Time Stamp进行控制。

（4）数据约束设计

关系层的数据遵循关系模型的数据约束条件，保证数据的完整性和事务的ACID特性。

非关系层数据均转换成字节处理，因此对数据类型的约束条件相对较弱，然而由于非关系层的Row和与其映射的关系层的主键相关，因此，在非关系层中我们定义Row的约束条件，即当Row为空时，该行不能有数据。

剩下就是组织好非关系层的Family及其列的个数，整合关系层和非关系层的操作，保证关系层和非关系层数据的一致性和完整性。对同时包含关系子实体和非关系子实体的新模型，自定义如下约束条件：①当create table时，如果不同的table有相同的联合主键，则主键顺序一致；②标记与非关系层中Row相关的主键列，其余的主键列或者主键列的联合作为⑤中Family的列，当关系层中只有唯一主键时，自动标记为Row；③标记表中的大字段属性，如图片或者长段文字描述等；④统计每一类型表中各个属性列的信息，使一个schema下的各个关系表能映射到同一个非关系表中；⑤对于④中的关系表和非关系表，如果关系表中，除去已经在②中标记的主键列，其余属性均为大字段，则标记该表为大字段，然后在非关系表中增加一个名为关系表名的Family，否则增加一个名为关系表中标记的属性的Family；⑥对映射函数的约束，当原象为NULL时，象必为NULL。根据这些数据约束条件，当在进行数据操作时，尤其是对Blob数据的索引，其Key值是根据查询条件动态产生的，一次事务操作只有一个Key，而不是一个Key Group。

（二）云计算数据预处理

1.云计算下的数据采集模型

数据是云计算的对象，从RaaS的角度研究数据采集模型和数据预处理模型。

在云平台中，数据往往具有很强的动态性，动态数据的特征为数据采集工作带来了极大的挑战，高质量的网络数据采集结果，对于云计算中的数据应用具有重要意义。

云计算可以实现数据的规则更改，对不符合采集规则的任务进行二次设定，从而得出规范的数据，为下一步的数据预处理工作带来极大的方便。数据采集的各个阶段划分很重要，能够帮助用户获得合适的数据。

（1）确定采集对象

从研究问题的角度出发，选择正确的数据采集方向。

（2）设定采集规则

由于数据的海量性，往往一批数据中包含众多的冗余信息，选取需要的数据进行采集，舍弃冗余度不必要的数据。同时，检查采集规则是否合适，如不合适，则重新设定采集规则，之后进行数据采集。

（3）导出数据

当数据采集结束后导出数据，并以所需的格式对数据进行存储。

2.面向云计算的数据预处理

数据采集得到的大多数原始数据都是脏数据，严重影响了数据分析的准确性。随着云计算的兴起，对数据处理的速度和精确程度有了更高的要求。因此，对数据进行预处理使其规范化和可操作化，对数据的后期挖掘与分析极为有利。网络数据与日俱增，使得传统的数据预处理方式在云计算环境下已经不再适用。如何对网络数据进行及时、高效预处理引起了越来越多学者的关注。

云计算是利用资源池中的处理设备对数据进行集中处理，因此要找到平台中空闲适合的处理设备。采用广度优先树的方法能较好地搜寻平台当中的空闲设备，从数据采集设备得到的数据经过数据清洗与变换，云计算采用的是MapReduce进行数据处理，在Map环节中同时将空值点、噪声点和不一致点清除，并对需要变换属性的数据进行属性的变换。在Reduce环节中去除冗余和数据集成，从而得出精简的数据。

（三）云计算数据管理

云计算是一种处理大规模密集型数据的并行分布式计算技术，目前已有的云计算编程模型以MapReduce为典型代表，其他的大体上是这种方式的变种。谷歌公司开发的编程架构MapReduce简化了编程人员的工作，并且使数据的处理效率提高，因此MapReduce受到较多的关注，获得了较大的发展，但还没有形成成熟的、系统化的理论体系，并且在面对计算过程相对复杂的计算任务时可能效率低下。

一般来说，云计算的终端用户应该不用考虑分布式并行处理系统方面的细节问题，就可以享受云计算带来的各种服务。随着企业数据密集型大规模计算需求的出现，现有编程模型还面临着更多的新挑战。一方面遗留了大量历史数据，并且每年产生的数据已达到PB数量级，其总量不仅成几何级数增长，结构也呈现连续的高维时空特性，较传统的万维网数据更复杂多变。随着数据总量和复杂性的增加，用户的查询需求越来越多，也越来越复杂。如何有效地在云计算平台中存储和管理海量数据，成为新的难题。另一方面，在数据密集型大规模计算系统中，影响性能的重要因素包括大规模数据的移动、复杂计算的局部性、多任务的调度等操作。为了兼顾简单性及性能优化，编程模型需要对上述影响因素提供相应的透明性。

云计算需要对大量分散的数据进行集中处理和分析，这就要求数据管理技术能对大量数据进行高效管理。如何在规模庞大的分布式数据中快速准确地找到目标数据，也是云计算数据管理技术所必须解决的问题。同时，由于管理形式的不同造成传统的SQL数据库接口无法直接移植到云管理系统中来。另外，在云数据管理方面，如何保证数据安全性和数据访问高效性也是研究关注的重点问题之一。

三、SaaS BI 多租户技术

每次技术的进步和商业模式的变化，都会带来软件应用方式的重大转变。个人电脑、计算机网络和图形用户界面（UI）的出现，使客户端/服务器应用程序应运而生，昂贵、缺乏弹性的字符模式大型机应用渐渐淡出软件市场。今天，可靠的宽带因特网接入、面向服务的架构（SOA）日趋成熟，驱使高成本、低效率的管理专用交付模式正向一种共享的、基于Web的所谓软件即服务的服务交付模式转变。

软件即服务是当前软件行业发展的潮流趋势，是一种把程序软件部署在网络（互联网、内网或专网）上，用户通过浏览器可以远程使用软件服务的一种应用模式。简单地说，SaaS提供商把应用软件以服务的形式付费或免费授权给用户，用户不需要购买软件，只须通过浏览器，根据自己的需要租用软件服务，而不用考虑软件的前期实施、安装、后期维护、升级等工作。

SaaS服务模式是云计算三大服务模式中最有发展前景的。由于网络的普及、宽带的增加，以及Web和软件技术的不断成熟，SaaS服务模式受到越来越多用户的喜爱，近年来SaaS业务迅速增长。

（一）SaaS 多租户相关知识

在 SaaS 模式下，客户以租用的方式使用软件服务，因此客户可被称为租户（Tenant），也就是指租用服务提供商提供的应用系统或计算资源的客户。

我们对租户的概念应该都不陌生。在一个酒店，无论是快捷酒店，还是五星级高档酒店，办理入住的人都可以称作租户。酒店都有个共同特点，就是一般只部署一整套公用的基础设施，如水、电、供暖、空调等，住进酒店的租户共享酒店的基础设施，酒店对租户按天收费。从盈利角度来讲，毫无疑问，酒店希望在同一时间段，入住的租户越多越好。因此，多租户是酒店盈利的一个必要模式。对于越来越多的中小型企业来说，建设、维护和管理自己的 IT 基础设施体系对企业的运营成本是一个很大的挑战。

如果说 SaaS1.0 是应用服务提供商（Application Service Provider，ASP），那么 SaaS 2.0 就是指基于多租户技术的"纯 SaaS"。

1. 多租户概念

多租户技术（Multi-tenancy 或 Multi-tenants）或称多重租赁技术，它是一种软件架构技术。依托它，SaaS 服务提供商可以在保证多用户之间数据隔离性的前提下，使用同一个程序实例（Instance）向多客户或多客户群提供服务。也就是说，采用这种技术开发的应用软件，共享一套程序代码，其一个实例可同时处理多个用户的请求，用户还可以根据实际需要向 SaaS 服务提供商定购应用服务。

多租户技术是 SaaS 最重要的核心概念和应用技术之一，也是 SaaS 模式区别于传统技术的重要标志。多租户软件架构技术能够带来服务提供商和租户的双赢。多个租户共享统一的硬件资源，可以帮助服务提供商降低设备维护成本、资源管理成本等，开发人员只须在一个平台（操作系统、数据库等）上构建和支持单一的代码库，使得服务提供商能够以较低的成本为租户提供服务，这样租户也能共享多租户技术带来的收益。

另外，多租户按每个租户实例支持的租户数量，大致可分为高、中、初三个等级。据了解，Salesforce.com 能够达到很高的多租户级，其每个租户实例能够支持 5000 个租户。一个中级别的 SaaS 服务提供商，每个租户实例能够支持数百个租户。初级别的 SaaS 架构，每个租户实例支持数十个租户。

2. 主要特点

采用多租户技术构建的应用一般有以下几个主要特点：

（1）基于 SaaS 运营模式，服务商托管软件，降低租户的软件投入风险

运用多租户技术构建的应用软件（多租户软件），采用 SaaS 的运营模式，多租户软件的所有权归属于软件供应商，服务商负责软件应用的前期实施、构建、管理和后期维护、升级等工作，通过互联网为用户提供远程应用程序服务。用户不需要购买软件，而是

根据自身发展需要租用软件服务，并依据使用次数或时间支付一定的服务使用费。

　　企业引入传统软件往往需要进行评估和决策，评价程序复杂耗时，评价标准模糊难定，评价结果对决策帮助甚少。因此，购买传统软件须承担相当大程度的风险。多租户应用采用的是租用收费形式，按用户租用服务的时间长短，租用频次等进行付费。企业只需较少资金就可以购买一定期限的软件使用权，降低了软件投入的风险。

　　（2）快速部署，易于升级维护，方便管理，利于激发技术人员的创造性

　　不同于传统软件，多租户软件采用B/S的瘦客户端模式，部署在服务商的软、硬件平台上。企业无须购买设备，只须熟悉浏览器的使用便可快速定制符合自身需要的软件应用，并快速将其投入使用，无须对软件进行维护。服务商组织专业人员负责基础设施的管理，人员管理方便，易于软件的升级和维护，且所有租户能够共享软件维护升级的成果。

　　企业购买传统软件系统后，需要投入人力、物力对其进行管理维护，增加企业的管理成本。在多租户模式下，企业用户可将更多的人力资源投入到研发工作中，还可以简化企业用户的组织架构。对技术人员来说，维护工作烦琐乏味，没有工作动力。多租户软件按使用付费模式有利于激发技术人员的创造性，开发更多优质的服务，提供更优质的性能，吸引更多的客户，为服务商带来更多收益。

　　（3）资源共享性，节约资源成本，形成成本优势

　　多租户软件部署在服务商的软、硬件资源上，所有租户共享同一套程序代码，共享供应商对软件的维护和升级。这在一定程度上减少了资源成本和维护成本，因为服务商派专人维护软件系统，可以更快速地解决系统问题，又可以为企业用户节省时间成本。

　　传统软件的一次性购买费用相对来说都比较多，一般的中小企业只能望而却步。多租户软件按使用付费的模式，大大降低了企业进行信息化的门槛，使得许多中小企业愿意，也有能力租用多租户软件，成为多租户软件的潜在客户。这意味着，服务提供商可以通过多租户模式达到规模效益，实现经济利益，这也是多租户软件的优势所在。

　　（4）应用服务的可配置性

　　多租户软件部署在服务商的计算机资源上，租户通过Internet基于浏览器方式租用软件服务。多租户应用并不是针对单个企业建立的，企业可以按需购买使用服务商提供的服务，也可以根据自身需要及发展变化配置适合企业的应用，对服务做出相应的调整，因此多租户软件也被称为按需软件。

　　（5）数据相对独立安全

　　对于企业来说，购买的服务具有独占性，必须保证访问控制和系统的安全。传统软件的所有权属于企业用户，由企业组织人员对软件进行管理维护，安全性高、保密性好。但这并不意味着基于共享的多租户软件不能提供很好的数据安全性。多租户软件采用先进的数据存储技术，可以对数据和配置进行虚拟分区，从而使系统的每个租户都能够使用一

个单独的系统实例,并且每个租户都可以根据自己的需求对租用的系统实例进行个性化配置。这样可以保证各租户之间数据的相互隔离,使得各租户能在保证自身数据安全的情况下共享同一应用软件。

实现多租户架构的关键是解决不同用户间的数据存储,保证不同租户之间数据和配置的隔离,以保证保护各租户数据的隐私和安全。

3.数据存储解决方案

(1)独立数据库

每个租户的数据单独存放在一个独立的数据库中,实现物理数据隔离。在该方案中,客户共享大部分系统资源和程序代码,但物理上有单独存放的一整套数据。系统使用元数据记录数据库与租户的对应关系,并通过部署数据库访问策略来确保客户数据的隐私和安全。这种方法简单便捷,能够很好地满足用户的个性化需求,隔离级别最高、安全性最好,但成本和维护费也最高。因此,适合那些对安全性要求比较高的客户,如银行、医院等。因为每个租户有独立的数据库,简化了数据模型的扩展设计,能够满足租户的个性化需求,但是也增加数据库的安装数量,进而增加了维护和购置成本。

(2)共享数据库,隔离数据

多个或所有租户共享一个数据库,但是每个租户有其单独的模式,各自拥有不同的数据表以存储其数据。当客户首次使用多租户软件,系统在创建用户环境时会自动创建一套表结构,并将其关联到客户的独立模式。

这种方式的优点是可以为安全性要求较高的租户提供一定程度的逻辑数据隔离,在数据共享和隔离之间取得了一定的平衡,还使得服务器可以支持更多的租户。缺点是一旦出现故障,数据的恢复会比较困难,要实现跨租户的数据统计也较为困难。

(3)共享数据库,共享数据

所有租户共享同一个数据库和一套数据表。一个数据表可以存放多个租户的数据,通过ID来区分每条记录属于哪个租户。

这种方式的维护和购置成本最低,允许服务器支持的租户数量最大,共享程度最大,但隔离级别最低、安全性也最低。如果服务提供商希望以最少的服务器资源来服务尽可能多的客户,而租户愿意放弃对数据隔离的需求以尽可能降低服务的使用成本,这种模式是很好的选择。

(二)多租户业务流程定制

1.多租户业务流程定制步骤

进行业务流程定制的步骤如下:①通过服务管理器注册拓展服务。服务管理器将服务按照预定的类型进行分类，然后封装成标准的 Web 服务。此外，每个服务对应于一种服务类型，服务类型中包含帮助用户选择确定服务的操作处理规则。这样，当一个租户要进行业务流程配置时，可以选择已有的确定服务或者抽象的服务类型。②规则管理器的功能是管理和执行租户或系统定义的规则。有了规则管理器，租户可以定义多种多样的规则来实现流程的配置管理、定义服务选项和服务故障处理。同时，规则管理器还会对服务界面的约束和依赖关系，以及定制策略以规则的形式进行管理。③服务定制器负责处理租户的服务定制需求。接收到需求后，服务定制器会从数据库中收集与服务相关的信息，然后将信息传递给验证机制。④验证机制验证定制需求。接收到服务定制器的信息后，验证机制从规则管理器中选出与定制服务需求相关的规则对需求进行分析。通过验证后，将定制指令直接传到服务管理器。⑤接收到定制指令后，服务管理器有选择地根据定制需求更新和修改服务信息。为了确保其他租户能够正常使用服务，服务管理器会将更新过的服务信息保存到租户数据库，并通过服务定制器将它们返回给租户。需要说明的是，如果租户想定制一个类型服务，那么这个类型的所有服务都要做出修改。⑥当租户完成业务流程定制，流程指令将被送到验证机制，验证机制基于规则管理器提供的规则验证业务逻辑是否正确。若正确，则将流程指令保存到数据库，并将其配置到流程引擎上。⑦流程运行时，服务调用指令首先到达规则管理器，如果要调用的是已有的服务，规则管理器直接把指令传达给服务管理器，或者在用户预定义规则的基础上用其他服务代替。若用户要调用的是类型服务，规则管理器则会根据系统或租户预定义的规则来选择满意的服务。⑧规则管理器确认要调用的拓展服务，并向服务管理器发送信息。服务管理器检查调用服务的信息，从中找出拓展服务的 ID，然后从服务注册数据库中调用相应的服务。⑨调用结束后，将调用的结果通过服务管理器返回给规则管理器。如果调用失败，规则管理器执行错误处理操作（如进行重试，更换服务或者告知租户）；否则，规则管理器将结果返回给流程引擎，使之可以处理下一个服务调用。租户可以定义时间限制相关的规则。如果调用超时，规则管理器按超时进行处理。

2.关键组件和算法

（1）服务规则

规则使业务流程得以灵活、可靠、完整地执行，对整个系统非常重要。通过该框架定制业务流程时，租户可以定义多种多样的规则，不管是具体服务，还是类型服务，规则服务器提供了基础规则函数来帮助租户进行定义。租户只需要从规则函数数据库中选择合适的函数，然后输入定制参数即可。服务的规则函数有依赖函数、替代函数、用户策略函数、错误处理函数、超时处理函数和类型函数。

依赖函数表示该服务所依赖的服务。这是验证业务流程的业务逻辑基础。替代函数用于显示一个可替换的服务。用户策略函数表示服务定制策略。它的输入参数包括定制行为

（增加或减少参数）和定制参数的指定信息（数量、类型）。错误处理函数和超时处理函数分别表示调用失败或超时时的处理程序，而类型函数描述的是服务的类型。

类型服务的规则函数有用户策略函数，包含函数和选择服务函数。用户策略函数与具体函数的用户策略函数一样，当租户通过用户策略函数定制一个类型服务时，规则管理器需要通过包含函数找出类型服务中包含的所有具体服务，然后根据租户的要求再次定制这些服务。选择服务函数是从类型服务中选择具体服务的方法。它的参数可能是 QoS 属性，如最快响应时间、最低成本等。规则管理器通过选择服务函数选择一个具体服务，将它转换成具体服务规则。

（2）服务定制的实现

如果已注册的拓展服务支持租户进行定制，那么服务管理器首先要将其打包，规则管理器通过用户策略函数将定制策略转化成规则。

当验证机制验证租户的服务接口定制要求是有效的，就会向服务管理器传达添加参数指令。一接到指令，服务管理器将分别修改接口的前置和后置服务，增加自定义参数。服务管理器开始更新封装服务的描述，将重新生成的服务描述保存到租户数据库，并将其返回到服务定制器。

（3）流程定制的实现

流程的定制分为执行和验证。在进行流程定制时，租户需要从已定义的流程中选择合适的基础流程，在服务点（流程中可被替代的服务）进行服务填充，然后定义相关的规则来产生流程。完成定制之后，验证机制需要根据规则对流程的业务逻辑进行验证。验证机制在接收到租户的流程指令后，从规则管理器中找出与服务相关的规则，并根据依赖函数建立服务依赖关系树（SDT）。

四、农业气象商务智能系统

（一）建设背景

某省在气候上属暖温带与亚热带的过渡地区，冷暖气团活动频繁，气候年际变动较大；地势西南高，东北低，地形多种多样。正是由于这些因素，使得该地区自然灾害种类繁多、发生频繁。在各类自然灾害中，危害最大的就是农业气象灾害，主要包括旱灾、洪涝、霜冻等，给该地区的国民经济建设和社会发展，特别是农业生产造成巨大影响。因此，研究、分析农业气象灾害，挖掘灾害数据背后的信息具有十分重要的意义。

目前，实现农业气象灾害数据的分析和有效利用还存在一些难题。一方面，随着数值天气预报系统、中短期预报业务、卫星气象业务等在气象部门的广泛应用，以及信息技术在气象领域中的普遍应用和各种气象观测工具的广泛使用，气象部门积累了大量的气象观测数据（如雷达数据、卫星数据、遥感数据等），庞大的历史数据使得管理与使用这些数据就变得非常复杂。农业气象灾害数据的大量收集、处理和分析，对硬、软件的要求更为苛刻，传统的处理设备已经难以满足大数据处理的功能和性能要求。

另一方面，虽然这些海量的空间数据具有极大的科学价值和经济价值，在它们背后隐藏了很多具有决策意义的信息，但是对这些数据大多数仍然停留在查询检索阶段，隐藏在它们背后的知识远远没有得到充分的发掘和利用。农业气象数据的急剧增长和人们对处理数据的困难形成了强烈的反差，导致淹没于数据，却饥饿于知识的现象出现。因此，如何高效地管理、使用这些数据就变得非常重要。

针对以上问题，提出建立云计算环境下农业气象灾害分析商务智能系统。云计算的精髓是利用有效的技术手段和技术组合，最大限度地提高基础设施、平台和软件的使用效率，解决大数据的存储和数据处理问题。商务智能是指利用数据仓库、数据挖掘技术对数据进行系统地储存和管理。商务智能系统的主要任务是使用各种数据统计分析工具对数据进行分析，从中提取有价值的信息和知识，为用户的决策提供辅助支持，可以有效地提高数据的利用率。因此，将二者结合在一起可以实现农业气象灾害数据的有效分析和利用。

（二）系统目标

该系统以某省气象灾害监测、预警与防控需求为目标，选取旱、涝与雾霾三种典型的气象灾害类型，拟开发一个面向分层架构设计、基于Hadoop平台的协同BI实验原型系统。

首先，在旱、涝与雾霾监测方面，以某省气象局建立的省、市、县三级气象台站，自下而上采集涉及地面、高空、农业、遥感及太阳辐射等方面的气象监测数据为基础，利用共享数据仓库集成复杂气象监测数据，为气候中心、农业气象中心、气象遥感中心、大气探测技术保障中心等多个部门提供数据共享的支持。

其次，在旱、涝与雾霾预警方面，对三级气象台站、传统气象灾害信息系统，以及基于互联网大数据平台中，结构复杂、动态变化的气象灾害大数据，利用多重分形和流数据挖掘技术进行深层次知识发现，辅以气象灾害分析的方法模型和气象专家知识，为政府决策、社会公众和专业用户等提供多层次、综合化的气象灾害预警服务。

最后，在旱、涝与雾霾防控方面，针对三级气象台站、气候中心、气象服务中心、应急与减灾中心等机构协同配合的需求，利用群智能算法对多部门的决策方案进行排序和优化，以支持灾害防控中的跨部门的决策协同。由此，构建一个面向气象灾害大数据环境，支持数据共享、知识融合、协同决策需要的协同商务智能系统。

（三）系统结构

农业气象灾害分析商务智能系统采用分层体系结构。本体系结构由七层组成，分别为显示层、应用服务器层、应用层、数据存取层、数据共享层、中间件层、数据存储层。显示层为用户提供交互和可视化功能，用户在显示层的个性化定制模块定制自己的个性化任务，可以进行功能、界面，以及业务流程的定制。应用服务器层处理访问 SaaS BI 系统的请求，为请求提供虚拟的应用服务实例，Web 服务器会将请求转发到应用服务器。应用服务器在处理请求的时候，会调用数据存取层的用户验证服务，对租户进行安全验证，验证用户的合法性。

Web 服务器接受访问 SaaS BI 系统的请求，用户验证通过后，应用层根据用户的数据请求，调用租户所属的共享数据仓库取得相应的面向租户主题的业务数据和用户管理数据。通过元数据驱动的多租户架构，对描述应用服务实例的元数据模型进行管理，动态快速生成可伸缩的和可定制的应用服务实例。

数据存取层对数据的存取进行管理，包括用户验证、处理用户数据请求、实现用户数据隔离。数据共享层构建共享的数据仓库和隔离的数据集市，为应用层提供数据支持。中间件层在基础设施层资源的基础上提供多种服务，用于支撑数据共享层、数据存取层和应用层，也可以被用户直接调用。数据存储层是为中间件层或者用户提供存储资源。系统管理是为体系结构中各层提供管理和维护。

本体系结构主要包括 10 个功能模块，即元数据管理模块、海量数据存储模块、海量数据并行处理模块、海量数据 ETL 模块、气象灾害信息仓库模块、多维数据联机操作模块、用户个性化定制模块、结果可视化模块和 SaaS BI 系统的维护与管理模块等。系统管理由运行维护管理、虚拟资源管理、安全管理、SLA（等级服务协议）监控、计费管理和账户管理组成。

该系统利用元数据技术对气候中心、农业气象中心、气象遥感中心、大气探测技术保障中心等多个部门的数据库系统、数据仓库系统等信息孤岛进行整合，利用分布式 ETL 技术对气象私有云的大数据平台进行数据的抽取、转换与装载，并采用中间件技术集成大数据平台复杂数据，完成共享数据仓库的构建。针对气象私有云中实时动态数据，采用流数据管理技术进行数据的获取与存储，通过流数据挖掘技术挖掘出隐藏于气象灾害大数据中的本质特征和内在规律。基于群智能算法和多重分形对多部门气象灾害集成数据构建选择性集成模型，以及利用交叉多重分形分析各部门之间业务的相关性，采用协同技术对挖掘出的多样知识进行融合，实现对全省旱、涝与雾霾灾害更加准确的分析、评估和预测，从而为气象部门提供有效的决策支持，提升全省气象灾害监测、预警和防控的智能化和协作化水平。大数据环境下面向气象灾害的协同 BI 实验系统总体上采用基于 Hadoop 架构的多层结构，自上而下分别为应用层、分析层、管理层及基础层；采用开放性、可扩展性、安全性、可靠性、容错性及松耦合等设计原则；采用SSH（Struts+Spring+Hibernate）分层组合开发框架；利用模块化方式实现系统功能需求；采用分层统一的权限管理体系，从而提高协同BI系统的灵活性、安全性、可扩展性及可维护性。

第四章 基于公共服务的科技资源开放共享机制

第一节 科技资源共享的内涵、主体和机制

一、科技资源共享的概念

（一）共享的概念

共享作为一种社会现象首先表明一种关系，这种关系一般联系着有特定目标和任务的人群，他们关注有价值的共有资源，相互之间协调运作，形成松散有序的虚拟组织架构，并在此基础上形成资源的重新分配。就社会经济活动和管理行为两个方面而言，共享包含两个方面含义：一是经济系统发展过程中在要素、结构、功能、制度和配置安排上对共有、共存和共同的主动追求，并运用组织、协调、控制等手段规范追求活动，也即"共"；二是对追求活动带来的成果的享受、享有的现实期待，也即"享"。"共"是"享"的方法和途径，"享"是"共"的目标和结果，二者的结合与互动实现"共享"。需要指出的是，共享是一个既有付出又有收获的责任与义务相平衡的过程，而不是无原则地相互排斥和竞争的共有。

（二）科技资源共享概念的研究基础

一是强调科技资源使用权的共享。郑长江等从经济学角度把科技资源共享定义为在一定制度约束条件下，不同创新主体间共同地享有科技资源的使用权，从而实现科技资源的科学且高效的使用和管理，充分利用现有资源，共同分担创新成本、风险与创新收益的一种科技资源优化配置方式。

二是强调科技资源的整合和高效利用。杨勇认为，科技资源共享是指通过整合现有科技资源，实现科技资源高效使用和管理，利用已有资源开发新资源，创造出更大价值。赵辉等把科技基础条件资源共享定义为充分利用信息、网络、通信等技术构建由科技文献、科学数据、大型科学仪器设备、自然科技资源等物质和信息资源集成的，适应政府科技、

经济、社会发展战略目标和需求，为一定区域内的科技研发组织和个人提供公平使用机会的科技基础条件资源服务系统。

三是强调参与主体的合作与利益共享。胡卓君认为，科技资源共享具有主体构成的多元性、共享方式的合作性、效益的分享性等特征，并把科技基础条件平台资源的共享定义为平台共建协作的利益主体和社会其他成员在政府宏观调控下，通过合作方式共同使用平台资源达到预期目标效益的过程。郑庆昌等认为，科技资源的共享实质上是要解决科技资源经济价值与社会价值在追求最大化中的冲突，最大限度地实现经济与社会双重价值，实现参与主体各方利益的共享。

（三）科技资源共享的内涵

基于对共享的认识，科技资源共享是资源拥有主体对科技资源科技价值、经济价值和社会价值的主动追求和利益共享，是一种互惠互利的共赢关系。从系统角度而言，科技资源共享以实现区域创新系统整体资源优化配置和价值创造为目标，以信息为基础，以合理的组织结构为支撑，以技术为手段进而提高系统创新能力和竞争优势。从实现过程来看，科技资源共享追求将最适当的资源在最适当的时间传递给最适当的使用者，有效实现科技资源的价值创造与转移。从状态来看，科技资源共享指区域创新系统成员及其子系统之间在运行机制引导下形成的资源充分共享、价值充分创造的一种资源优化配置状态。

科技资源共享一方面是从宏观上，通过法规体系和政策调控及有效、科学的管理体制和运行机制，实现科技资源的共建、共享、共用及开放，最大限度地利用有限的科技资源，提高科技资源的使用效率；另一方面是从微观上，依靠先进的技术手段和合理的机制设计，来促进科技资源的共享。

科技资源的稀缺性是决定科技资源共享的根本原因。作为科技活动的投入要素，有限的科技资源应该得到充分的利用。科技资源的稀缺性决定了需要将其在不同科技活动主体、领域、过程、空间、时间上分配和使用，才能实现经济价值的最大化。科技资源共享是配置科技资源的一种基本形式。

（四）公共产品视角的科技资源共享分析

公共产品的前提就是存在公众需求且能被公众利用。因此，公共产品是需要对外开放共享的。作为纯公共产品的科技资源，如一些科技信息资源和制度资源，其生产就是为了满足科技人员等大众需求，大多采取无条件的对外开放共享，免费提供资源的使用权，不涉及使用权的交易。而对于准公共产品或者私人产品的科技资源，其共享过程中，大多以交易的方式对科技资源使用权等产权关系进行调整，以实现科技资源更大的经济价值。

从一定程度上讲，推进科技资源共享的过程，就是政府不断提供科技资源公共产品，不断将私有的科技资源通过有效措施转变成准公共产品或纯公共产品的过程。私有产品向公共产品的转变主要是避免私有产品在使用过程中的竞争性和排他性。

出现资源使用竞争性的主要原因就是科技资源供给相对于需求的稀缺性。理论上讲如果物质极大丰富，就不会出现使用的竞争性。降低资源的稀缺性，一种方式是提高资源的供给数量，但这种方式往往是不可行或者不经济的；另一种方式就是提高资源的信息化水平，举一个简单的例子，同样的内容，一本纸质图书和一份电子书，显然信息化后资源更容易满足用户的同时使用，增强资源使用的非竞争性。

出现资源使用排他性的原因主要是科技资源不能免费或者低费用使用。降低资源使用的排他性，一方面，可以通过政府提供制度资源，激励、引导私有资源拥有者自愿供给或者低成本供给科技资源；另一方面，政府通过补贴等方式降低用户利用资源的成本，必要时还可以通过政府采购，将私有资源的所有权转变为国有，变私有产品为公共产品。

二、科技资源共享的要素和主体

科技资源共享是一种复杂的经济和社会行为，是根据多方分工协作实现资源配置效率和经济效益的最大化的系统工程，涉及多个要素和主体。

（一）科技资源共享的要素

1.主体要素

科技资源共享的主体要素是指参与科技资源共享的人和机构。根据在科技资源共享活动中不同主体在职能上的不同，分为四个主体：科技资源共享供给主体、科技资源共享需求主体、科技资源共享服务主体、科技资源共享管理主体。科技资源共享活动的各主体是多元化和动态的，对于一个特定主体，在不同的科技共享过程中可能扮演着不同的主体角色。科技资源共享的本质是各利益主体对科技资源的产权进行交易，以获取更多经济利益的过程。因此，科技资源的供给主体和需求主体是共享的一对基本主体。随着科技资源共享活动向着规模化和专门化方向发展，共享服务主体成为一个重要的主体。同时，由于科技资源共享活动本身具有较大的外部性，单纯依靠市场机制难以发挥出共享的最大效益，对共享活动进行管理也就成为必需，科技资源共享的管理者从而成为一个不可忽视的主体。

科技资源共享过程中主体的需要和利益是主体实践的内在动机，是激活主体能力、驱使主体实践的力量源泉。因此，资源拥有者的利益和资源需求者的需要是影响共享的关键因素。

2.客体要素

科技资源是资源共享的客体，是主体开展资源共享活动的客观对象，是满足主体之间需要的基础。科技资源分布的不均衡性及产权的差异性使得资源主体希望通过共享获得资源的使用权，以实现科技资源的价值创造与转移。同时，科技资源的高增值性和影响的长效性也是资源主体进行共享的动力源之一。另外，由于科技资源的整体性和协同性，某种科技资源无法单独发挥作用，需要与其他科技资源配合使用方能实现科技创新，通过共享可使这种整体性和协同性得到很好的保持。

同时，不同类型的科技资源在利用的非竞争性、非排他性、易损耗性等方面都有显著的不同。例如，一些实物科技资源有易损耗性，每一次使用都会带来一定的损耗；信息资源尽管通常没有易损耗性，但是部分具有时效性，只有在有效的时间内使用才能获得相应的收益；还有一些资源，如大型仪器设备，其在地域上的不可移动性可能造成资源需求方使用成本的增加，从而降低了共享收益。这些都是影响甚至阻碍科技资源共享的重要因素。

3.环境要素

作为一项系统，科技资源共享除了主体和客体之外，还需要各类软硬件环境要素的支撑和保障。硬环境条件包括：用于开展共享活动的信息网络和设备实施及保障资源共享顺利实施的技术手段。在很大程度上，技术条件决定了如何开展共享工作。科技基础条件平台建设等工作，正是顺应网络化时代的发展，通过信息共享带动实物资源共享。可以预见，技术的发展会给科技资源共享带来更多的便利，提出更多的任务。软环境要素包括促进共享的政策法规、规章制度、标准规范、共享文化等。

（二）科技资源共享的主体分析

如前所述，根据在科技资源共享过程中的定位，科技资源共享可以分为科技资源共享供给主体是指被用于共享的科技资源的所有者（或者投入者）。科技资源共享首先得有可以用于共享的资源，否则共享无从谈起，投入是实现科技资源共享的重要保障。科技资源共享需求主体是指在创新活动中需要借助于外部科技资源的组织或个人。科技资源共享服务主体是对共享的科技资源的进行加工处理，并将加工后的资源和服务提供给科技资源共享需求主体的机构或个人。科技资源共享管理主体是科技资源共享政策的制定者和共享管理系统的组织者。

科技资源共享主体有以下几个需要注意的问题：

1.科技资源共享主体在理论层面是相对的

各类主体的划分只是在某一个或某一类资源在某一时间阶段共享中的角色。同样一个机构，如政府、高校、企业、中介机构在不同的资源共享过程中可以承担不同的角色，各自角色并非是一成不变的。例如，政府在宏观科技资源共享过程中，政府是科技资源管理的主体；对于国有科技资源而言，政府是资源的所有者，因此是供给主体；对于一些纯公共服务，如科技行政类的服务，政府又是服务的直接提供方，因此，此时又是服务的主体；在一些情况下政府也需要一些科技资源用于支撑决策，如研究报告、数据等，这些资源可以由高校、院所乃至企业提供，此时政府亦是需求的主体。

同时，每个组织机构也可以同时承担多个角色，很多情况下，资源拥有者也是资源的服务者。

2.需要关注在推进国家科技资源共享各类重点主体中的特点和作用

从国家层面推进科技资源共享，需要在不同的主体关注重点的组织机构。政府是科技资源共享管理主体，是科技资源共享政策的制定者和共享管理系统的组织者。共享的需求者、供给者和服务者则更加关注自身在科技资源共享过程中能够得到的收益或利润，这些主体仅仅依靠自由竞争和市场机制是难以保持创新活力的，政府在提供创新所需的公共产品、促进各种创新的最佳配置等方面，需要发挥重要作用。政府通过影响科技资源产权交易外部环境变量进而可以影响科技资源共享的成本、收益。所有政府都对产权发挥着重要作用，它们也拥有资产和直接参与经济活动，而且合同裁决和执行也深深依赖政府。科技资源共享管理是政府在创新管理中的重要职责，政府部门是科技资源产权的裁定者、科技资源共享政策的制定者和监督者、科技资源共享管理的组织者。

在科技资源共享服务主体中要高度重视科技中介服务机构的作用。理论上讲，共享服务主体并不参与科技资源的生产过程，不是共享的产权方。在现实世界中，它可以有很多名称，如中介、服务平台、数据中心等。共享服务主体在科技资源共享中占据十分重要的环节，允许其基于科技资源开发增值应用和服务是保障其利益的关键。科技资源共享服务主体在提高科技资源配置效率中发挥着催化剂作用。与商户促进商品流通的作用类似，科技中介服务机构在促进科技资源的共享流动，营造有利于资源共享的市场环境方面发挥着不可替代的作用。随着全社会科技资源投入的日益增加，科技资源共享活动的规模和数量不断扩大，科技创新活动分工也逐渐向着纵深方向发展，科技资源共享服务专业化发展符合科技创新活动的内在要求。科技资源共享服务主体在不同层次的创新体系间具有纽带作用，他们将各层面创新体系联为一体，是科技资源共享供给和需求方之间的桥梁。科技资源共享服务主体的共享服务能力和水平是一个影响社会科技资源配置效率的关键因素。

在科技资源共享需求主体中要高度重视企业等创新主体需求。我国在建设以企业为主体、产学研结合的国家创新体系中，要大力增强企业的技术创新能力。企业特别是中小企业科技资源相对匮乏，对于科技资源共享的需求更加强烈。同时，科技资源的经济价值和社会价值的体现也需要通过企业的生产经营来实现。相对于高校、科研院所研究方向比较发散而言，企业的科技资源共享需求更加聚焦、时效性也更加强，因此，需要在研究和实践中重点关注企业作为需求主体的特点和需求。

三、促进科技资源共享的有效机制

（一）各方主体共同参与的协同机制

对于资源共享的主体，要重点建立各方积极参与的协同机制。科技资源共享在宏观层面涉及供给、服务、需求和管理四个方面主体，各类主体中还可以具体细分多种不同类型的组织机构，如机构资源单位、资源用户、政府主管部门、社会等，在共享过程中有整合、协作共用、服务、管理监督与评价等多种共享行为。

共享的过程，是共享参与各方权利、责任、义务的再分配和转移的过程。如果权利、责任、义务的合理再分配和转移实现不了，共享相应环节缺乏协调，机制不畅，共享就难以持续。因此，推动这个复杂的系统运行，实现资源共享的有效落实，从宏观和微观层面都需要建立各方参与的协同机制。

共享主体的协同最重要的是实现政府和市场的协同。科技资源具有经济和社会的双重价值，科技资源难以整合共享的根本原因在于，资源双重价值最大化的冲突没有得到有效协调，政府等科技资源共享管理者推动资源共享的目的是实现科技资源的社会价值，科技条件资源的社会价值需要通过政府宏观引导和协调争取最大化。而一般的资源拥有者、需求者需要获取或利用科技资源的经济价值，其经济价值的最大化，则须借助市场机制的调节。合理的定位政府与市场在科技资源共享中的角色，明确供给、服务、需求方的责任和义务，是推动科技资源共享工作的前提。

（二）以信息化为手段、以平台为主要依托、以需求为牵引的资源整合机制

针对资源共享的客体，要形成各类科技资源分级分类的资源整合机制。对科技资源开展整合，实现科技资源逻辑上的相对聚集和信息化、标准化，有利于降低科技资源共享的成本，是促进科技资源共享的重要方式。

科技资源整合以信息化建设为重要抓手。科技资源共享的过程，首先都是信息的共享和获取，之后才能进一步实现实物、人力、财力资源的共享。信息化使得科技资源能够大幅度地扩大共享的范围，使得科技资源向全社会开放共享在技术上变得可能。信息资源的非竞争性和非排他性，使得信息资源是公共产品的天然载体。也正因为上述原因，在我国推进国家科技基础条件平台建设时，就明确提出了"通过信息共享带动实物资源共享"的理念。以信息化手段开展科技资源整合，需要搭建科技资源共享的网络信息环境，引导科技资源元数据信息的汇交聚集，同时还要加强科技信息资源的数据挖掘，增加有效科技信息资源产品的供给。

科技资源整合特别是整合公共科技资源要以共享平台为主要依托。平台有利于实现

物质和信息资源的集中化、共享服务人才的专业化以共享服务模式标准化，能够保障资源质量和服务的水平，同时有效降低资源共享的成本。推进科技资源共享的重要措施就是根据工作的定位、服务对象、整合的科技资源，打造机制模式相适应的资源共享平台。共享平台模式是近年来国内外大力倡导的资源共享模式，以平台为核心，形成资源共享信息中心，并通过平台主动性资源主体提供共享服务，提高共享效率。

科技资源整合应以需求为牵引。只有能够满足需求，才能充分发挥资源的价值，避免无目的、盲目地资源整合。需求即来源于国家科技、经济、社会发展过程中面临的关键问题，也应善于从行业、企业和广大科研工作者的创新过程中征集和提炼。

（三）以利益为核心的内生动力机制

科技资源共享是复杂的系统，内部驱动力是共享系统长期稳定运行的最主要的因素。因此，科技资源共享系统内部必须形成强大动力机制，这一机制的核心就是要在共享过程中保障科技资源拥有者、使用者、服务者和需求者各方的核心利益。研究各方在科技资源共享过程中的利益诉求，切实保障各方利益。

好的资源配置方式，是通过对权利义务的合理界定，以各相关主体利益的调整，刺激各主体的积极性，增加参与者的利益，从而使资源配置达到最大化，并带来高效率。要通过对科技条件资源所有者、占有者、科技条件中介服务者、科技条件需求与使用者的利益调整，尊重、平衡资源所有者、经营者与使用者的利益，建立资源利益分配制度，保障资源共享各方的合法权益，在降低资源共享的交易成本基础上，提高共享效率。

按照"兼顾效率与公益性，谁开放、谁受益，谁服务、谁受益，谁使用、谁受益"的原则，制定科技条件资源共享过程中所得收益（成本费、管理费、使用费等）分配的规则。要解决资源共享的效益（包括经济效益和社会效益）和公平的问题。既要鼓励资源管理者和资源所有者的开放与竞争，还要采用一定的措施，形成一个投入与贡献的利益相对平衡，使平台所蕴藏的能量和潜力得到最大限度的发挥和释放，提高内部动力。

（四）以完善共享政策制度环境、搭建科技资源共享公共服务体系为重点的保障机制

尽管内部动力决定了科技资源共享是否可以长期开展，但是正如前所述，外部环境是促使动力机制形成的重要因素。特别是在具有公共产品性质科技资源的共享过程中，产权不明晰等体制机制问题及市场失灵等因素，导致科技资源共享的实现必须要得到政府的大力推动。因此，政府对于科技资源共享的保障机制就成为必不可少的外部环境要素。

在当前环境下，政府加强对科技资源共享的环境保障，需要政府部门加快转变职能，深化科技体制改革，从科技资源的分配主体逐步转为科技资源配置规则的制定者、配置过

程的监督者和配置绩效的评估者；由科技资源共享的管理者更多转向科技资源共享公共服务的提供者。加强保障资源共享的信息网络平台和基础设施建设，积极开展共享战略、规划、计划的研究发布，推进建立法律法规、政策、管理办法相互协调配合的共享制度体系，引导共享人才队伍的培养壮大，加强对科技资源共享过程的监督、评价和奖惩激励，改善科技资源共享利用的土壤与环境。

第二节　科技资源共享中的公共服务

一、公共服务

（一）概念

公共服务有广义和狭义之分。

狭义的公共服务是指能使公民的某种具体的直接需求得到满足的服务，包括衣食住行、生存、生产、生活、发展和娱乐的需求。这些需求可以称作公民的直接需求。狭义的公共服务不包括国家所从事的经济调节、市场监管、社会管理等一些职能活动，因为这些政府行为的共同点，是它们都不能使公民的某种具体的直接需求得到满足。

广义的公共服务是指使用公共权力和公共资源向公民所提供的各项服务。马庆钰从政府职责角度认为，公共服务主要是指"由法律授权的政府和非政府公共组织，以及有关工商企业在纯粹公共物品、混合性公共物品及特殊私人物品的生产和供给中所承担的职责"。也有学者认为，公共服务就是提供普遍的无差别的服务，主要是政府花钱或由政府主导花钱向社会提供公共产品和服务。

这里研究的公共服务功能更多的是指广义的公共服务。

（二）分类

公共服务可以根据其内容和形式分为基础公共服务、经济公共服务、公共安全服务、社会公共服务。基础公共服务是指那些通过国家权力介入或公共资源投入，为公民及其组织提供从事生产、生活、发展和娱乐等活动都需要的基础性服务，如提供水、电、气，交通与通信基础设施，邮电与气象服务等。经济公共服务是指通过国家权力介入或公共资源投入为公民及其组织即企业从事经济发展活动所提供的各种服务，如科技推广、咨询服务及政策性信贷等。公共安全服务是指通过国家权力介入或公共资源投入为公民提供的安全服务，如军队、警察和消防等方面的服务。社会公共服务是指通过国家权力介入或公共资源投入为满足公民的社会发展活动的直接需要所提供的服务。社会发展领域包括教育、科学普及、医疗卫生、社会保障及环境保护等领域。社会公共服务是为满足公民的生存、生活、发展等社会性直接需求，如公办教育、公办医疗、公办社会福利等。

（三）概念辨析

1.公共服务、私人服务与社会公益性服务

以教育和医疗卫生等专业性服务为例。在现代社会中，这些服务的提供可以来自三个方面，即由营利性的私人企业使用私人资源提供的私人服务；由非营利的社会组织使用社会资源提供的社会服务；由公共组织机构使用公共权力与公共资源提供的公共服务。可见，判断一种服务是否属于公共服务，关键在于其提供方及其所使用的权力与资源的性质。所以，在现代社会中，所谓公共服务就是指使用公共权力和公共资源向公民（及其被监护的未成年子女等）所提供的各项服务。例如，教育服务本身只是特定专业性服务，使用了公共权力或公共资源所提供的教育服务才是公共服务，而为了个人牟利使用私人资源所提供的教育服务或私立教育是营利性的私人服务，而非营利社会组织使用来自捐赠等渠道的社会资源所提供的教育服务或所办的公益性学校则是非营利性的社会公益性服务。所以，不应将教育等专业性服务本身笼统地看作是公共服务或非营利的社会公益性服务。虽然同是教育服务，但这三种不同类型服务的性质是不同的：公共服务体现的是公民权利与国家责任之间的公共关系；私人服务体现的是以货币可支付能力为前提的私人牟利追求与消费者之间的市场关系；而社会公益性服务则体现的是部分社会成员的善意与志愿精神同特定社会群体之间的社会关系。

2.公共服务、公共行政与公共管理

公共服务不同于公共行政。公共服务是有国家行为介入的一种服务活动，而公共行政则是以国家行政部门即政府为主体的一种权力运作。公共服务可以使公民的某种直接需求得到满足，如教育和医疗保健。公共行政则是规范公民开展社会活动的行为及公民的其他间接需求。公共服务可以由公民根据个人需要进行一定程度的选择，公共行政则要求公民必须接受。公共服务涉及人与人之间的关系是平等的，公共行政则是自上而下的等级式体制。公立学校和公立医院等是专门的公共服务机构，政府则是专门的公共行政机构。

所有涉及国家管理的行为与活动都在公共管理的涵盖范围之内。公共服务管理属于公共管理的组成部分。但公共服务管理与公共行政管理是不同的，是两种不同性质与形式的公共管理。例如，对公办教育或公立学校的管理属于公共服务管理，但政府对教育的执法与行政管理则属于公共行政管理。

二、科技公共服务

科技公共服务（有学者称之为公共科技服务）是面向科技创新活动的公共服务供给，是以政府为主导对科技创新资源进行整合、配置、利用，为高等院校、科研机构、科技企业、政府部门及社会公众，提供系统、便捷、高效的与科技活动有关的公共服务。科技公共服务的核心点包括两个方面：一方面是满足公众和机构参与科技活动的各种共享需求；另一方面是利用各类科技资源，加工生产公共产品并对外服务。

科技公共服务主要包括科技资源服务、科技创新服务、科技管理服务等。科技资源服务主要是为科技创新提供相关的物质资源和信息资源服务，涵盖各类科技活动相关的科技资源，包括自然资源、实验材料、仪器设备、科研设施、研发基地等物质资源和科技基础数据、科技期刊、专利标准、科技管理等信息资源。此外，还包括以这些信息资源为支撑的决策信息支持系统。科技创新服务主要是政府及其下属的相关科技服务机构、企事业单位为科技创新企业、科研院所等提供的社会化科技创新服务活动，包括科技信息查询和专题科技咨询、仪器设备共用和行业检测服务、委托研究、技术转移和科技创业孵化服务等，为企业科技创新开展检索、查询、研发、设计、实验、测试、试制、中试等活动提供设备、仪器、场地、咨询、认证和技术指导等专业性服务的各类社会化服务。科技管理服务主要是指政府为科技创新及其相关产业活动所制定的科技创新战略、政策法规、技术标准、知识产权保护服务，为促进科技创新所进行的观念创新与引导、组织管理、经费投入、人才培养、项目管理等服务活动。

面向公众的科技公共服务是政府职能转变后的重要职责，是指在以公众自身的科技需求为导向，以保障公众享有科技成果和参与科技事务的权利为主旨，以提升公众科学素质、推动社会科学发展为目标，以政府为主导，包括企事业单位、社会团体（协会、学会）、社区及公民多主体参与提供的公共科技产品和服务。在分析公共科技服务的基础上，进一步对如何构建公共科技服务体系进行了探讨，提出公共科技服务体系是指面向公众的和科学传播与普及紧密联系，以公众的公共科学需求为基础，以全面提升公民科学素质为核心，以政府为主导包括多种主体提供科技服务，进而保障和实现公众科技权利，实现公众共享公共科技成果的制度和系统的总和。

三、公共服务供给

（一）公共服务的消费者、生产者和提供者

与公共产品的供给类似，公共服务也有消费者（需求者）、生产者和提供者。

公共服务的消费者是直接获得或接受公用服务的个人、组织或群体。具体而言，公

共服务消费者可以是个人，也可以是政府部门、私人组织、外贸企业或国有企业等，还可以是特定区域内的所有人，或者是拥有共同特征的社会阶层，如学生、农民和少数民族人员等。

公共服务的生产者组织生产公共服务。这种生产者既可能是政府部门，也可能是市民志愿组织、私人组织和非营利机构等，有时甚至是生产者自身。

公共服务的提供者或称安排者指派生产者给消费者，或指派消费者给生产者，或选择公共服务的生产者。公共服务提供者通常是政府部门，但志愿者组织或消费者自己也可能是公共服务的提供者。

在公共服务的供给和消费过程中，生产者和提供者这两个角色之间常常有本质的区别。对于许多公共服务而言，政府本质上是提供者，决定什么服务应该由集体提供、为谁提供，以及提供到什么水平、投入水平和付费方式等。然而，虽然政府要决定哪些公共服务应该由政府提供，但这并不意味着这些公共服务都必须依靠政府雇员、由政府部门直接组织提供，完全可以在政府的安排下依靠私人组织提供，私人组织可以作为公共服务的生产者。

总之，公共服务的生产者和提供者既可能是相同的，也可能是不同的。因此，公共服务的生产和消费过程中出现了消费者、生产者和提供者等多种角色，可以使公共服务的供给形成多种不同的制度安排。

（二）公共服务供给的类型

一是公共提供。它是指政府无偿向消费者提供公共服务，以满足社会大众的公共服务需求。对于消费者而言，他们可以无条件地获得这些公共服务的消费权，而不需要付出任何代价或者报酬。一般来说，提供纯公共产品的公共服务采取此种方式，如国家安全、外交、基础研究等。

二是市场提供。它主要由相关组织通过市场向消费者提供，一般情况下提供者通过收费收回成本，并形成一定的利润。在这种方式下，公共服务的提供可以采取竞争的方式，但一般会受到政府的管制，同时提供者自负盈亏。一般而言，采取市场提供方式的公共服务具有准公共产品特征。常见的主要有属于公用事业范围的水、电、燃气、公交等供给，以及电信、邮政等服务。

三是混合提供。它是指以成本价格为基础，通过政府补贴向受益人收取一定费用提供公共服务。混合提供具有如下特点：①成本和价格基本持平，是一种非营利提供方式；②收回成本一部分靠向受益人收费，另一部分由政府补贴；③该方式适用于有明确的受益人，且受益人通过消费能获得一定利益的公共服务。混合提供是公共服务供给的基本方式，常用于教育、医疗、体育、广播电视等领域的服务供给。

再从生产者角度对公共服务的生产者进行分类，可以分为公共生产和私人生产。公共生产是指用于公共服务的产品由政府部门及下属单位生产；私人生产是指用于公共服务的产品由私人组织生产。组合起来有6种不同的类型（见表4-1）。

表4-1　公共服务的生产提供分类

生产	提供		
	公共提供	市场提供	混合提供
公共生产	公共生产、公共提供	公共生产、市场提供	公共生产、混合提供
私人生产	私人生产、公共提供	私人生产、市场提供	私人生产、混合提供

从公共生产的角度看，一是公共生产、公共提供。即由政府依靠公共财政支出，直接投资并组织公共服务生产，然后无偿地向社会提供，如国家安全、外交、气象等就属于这种类别。二是公共生产、混合提供。即由政府组织公共服务生产，并通过收费方式向社会公众提供。这种收费不以营利为目的，只是对成本进行必要的补偿。目前，我国部分行政机关为公众提供的某些服务收取部分成本费用，就属于这种类别。三是公共生产、市场提供。即由政府组织公共产品生产，按赢利原则定价，并向使用人收费。通常具有垄断特征的私人产品，或者接近于私人产品性质的准公共产品，如燃气、水、电、电信、公共交通等，在一定情况下采用这种方式进行生产和提供。

从私人生产的角度看，一是私人生产，公共提供。即由私人部门组织生产，通过政府采购方式由政府获得产品的所有权，并无偿地向社会公众提供公共服务，如某些公共工程的建设就是如此。二是私人生产，混合提供。即在政府相关的法规、行业政策和规划的指导和监督下，私人组织投资和组织生产，并由其自行向社会提供。一般而言，相当一部分的教育、医疗、文化等公共服务就是以这种方式提供的。三是私人生产，市场提供。对可收费的公共服务，可以采取这种方式提供。

（三）公共服务供给的可能方式

1.政府服务

政府服务是指政府向社会大众和组织直接无偿提供公共服务，政府同时扮演公共服务提供者和生产者两种角色。政府服务是公共服务供给的一种重要方式，国防、外交、气象、基础科学研究、农业技术的研究和推广、大型基础设施、社会科学研究等广泛采用政府服务方式。

2.政府出售

政府出售是指社会大众和组织直接从政府购买其需要的服务。这种情况下政府是公共服务的生产者，个人或组织是提供者。目前，这种公共服务供给方式也应用得比较广泛。例如，我国把一些土地的使用权出售给房地产开发商、把某段河流的捕捞权出售给私人企业、把矿藏的开采权出售给某些公司等，这些都属于这种方式。政府可以用出售获得的资金开发其他项目，提供更多更好的公共服务。政府出售与政府为其提供的服务强行收费有明显区别。当政府直属企业因为供水、供电、供气、提供公共交通服务等而收费时，政府是直接向消费者收费，扮演了服务提供者的角色；但是在政府出售中，消费者是服务提供者。

3.政府间协议

政府间协议是指一个地方的政府购买其他地方政府的公共服务。后者是服务的生产者，前者是服务的提供者。例如，一个地区没有学校，为了提供教育公共服务，一种办法是自己建立一所学校，还有一种办法是与相邻地区的政府达成协议，把本地区学生送到该地区接受教育，并向该地区支付一定费用。通过这种政府间协议方式，一个政府可以购买另一个政府辖区内的服务，避免重复建设，提升公共资源共享和利用的水平。

4.合同外包

合同外包是指政府通过合同方式将某些公共服务的生产职能转移到私人企业或非营利组织，让其参与特定公共服务的供给，并由政府付费给生产者。在这种方式中，私人企业是公共服务的生产者，政府是提供者。

政府实施合同外包，首先要确定哪些公共服务可以对外承包。一般而言，不可收费或很难收费、难以营利的公共服务，如抢险救灾、治安维护、环境保护、垃圾处理、公共卫生保障、河道清理和维护等均可以采取合同外包方式。实际上，除了少数涉及国家安全和利益的纯公共服务需要由政府直接生产外，大量的公共服务都可以通过合同外包方式交由私人组织生产，通过政府采购方式提供公共服务。目前，政府采购合同外包方式在许多国家和地区得到了非常广泛的应用。例如，美国政府使用的绝大多数装备和设备，甚至非常敏感的军事装备和设备都通过合同外包给私人企业生产，政府部门需要使用的办公桌、计算机、汽车等都是从私人企业采购的。

合同外包有多方面的优点：一是通过招投标的方式引入竞争，使多个生产者之间相互竞争，可以改变由单一生产者即政府垄断部门供给公共服务的局面，给低效率的生产者形成市场竞争压力；二是有助于对新的公共服务需求及时做出反应，提升政府的服务水平；三是可以大大降低甚至摆脱政治等因素对公共服务供给的不当干预和影响，增强公共服务供给的公平性；四是可以不受政府部门规模大小的制约，实现规模经济。

采用合同外包方式提供公共服务，必须具备一定的条件。首先，该服务的质量要求或标准比较明确；其次，该服务领域易于进行竞争性招标，而且风险较小；再次，该服务具有相对独立性，不与其他服务发生紧密联系，易于对合同外包过程进行管理；最后，该服务的对外承包不存在法律障碍或受到现有合同的约束。

实施合同外包，并不意味着政府提供公共服务责任的降低，政府必须承担一系列的责任：一是外包成本的核算及绩效标准的制定；二是承包商的甄选；三是外包过程的监督和管理；四是风险的控制与分担。

5.特许经营

特许经营分为排他性特许和非排他性特许两类。所谓排他性特许，是指政府将垄断经营权，即特许经营权给予某一私人企业，该企业在政府的价格管制下，在特定领域提供公共服务，并准许其通过向用户收费或出售产品回收投资并赚取利润；非排他性特许是指政府将特许经营权给予多个私人企业，出租车行业即是如此。在特许经营方式下，政府成为公共服务的提供者，私人组织成为生产者，消费者向生产者支付费用。

特许经营与合同外包也有明显的区别，合同外包中政府向生产者支付费用，特许经营中消费者向生产者支付费用。政府特许经营方式特别适合诸如电力、天然气、自来水、污水处理、固体废弃物和有害物质处理、电信、港口、机场、道路、桥梁及公共交通等可收费公共服务的提供。这些服务大多属于传统的自然垄断行业，具有资源稀缺性、规模和范围经济性等特点，采取特许经营方式可以避免政府直接生产带来的效率低、服务质量差等问题。

6.补助

补助是指当政府认为某些公共服务的社会收益与私人提供者私人收益不对称时，可以有选择地对提供这些公共服务的企业给予经济资助，以确保这些公共服务能够得到有效的供给，实现全社会公共福利的最大化。

补助方式可以细分为多种类型，包括补贴、津贴、优惠贷款、无偿贷款、减免税等。在补助方式下，公共服务的生产者是私人企业或非营利组织，政府选择特定的生产者提供补助，消费者选择特定的生产者购买服务，政府和消费者是公共服务的共同提供者，都向生产者支付费用。

补助方式是对生产者的补贴，在一定程度上它把消费者的选择权限定为接受补贴的生产者。补助方式可以适用于多种公共服务领域和行业，特别适用于那些盈利不高或只有在未来才能盈利、风险大的公共服务。目前，经常运用的补助领域有：对高新技术产业和企业给予税收优惠，对下岗工人、退伍军人和残疾人开办的个体经营商店给予补助，对高危行业给予一定补助，对招募残疾人就业的企业和单位及供水、供气企业给予补助等。

7.凭单

凭单是针对特定公共服务，对特定消费者群体实施补贴，是补贴消费者，使其在市场上可以自由选择其需要的服务。凭单分为直接和间接两类。将食品券直接发给穷人，让他们自己到商店购买食品，属于直接方式；对于低收入家庭，政府帮助其租住房屋，个人选择所租房子，然后由政府部门按月付款给房主，属于间接方式。

凭单方式和补助方式有显著差别，补助是对生产者补贴，政府和消费者共同选择生产者；凭单是对消费者补贴，消费者在市场上自由选择其需要的公共服务，消费者独自选择生产者。

凭单方式的运用也需要一定的条件：一是人们对服务的偏好普遍不同，而且公众认为这种多样化的偏好和需求很合理；二是该服务的消费具有有效的排他性，可收费；三是存在多个相互竞争的服务供应主体，而且该服务领域的进入成本很低，只要有需求，潜在的服务提供者就能很容易进入；四是消费者对市场有充分了解，关于服务成本、质量等方面的信息比较容易获得，对接受谁的服务有较强的选择能力；五是该服务比较便宜，消费者需要频繁购买。一般而言，凭单方式不适用于纯公共服务的供给，主要可以应用于那些具有排他性和显著正外部效应的公共服务。

8.自由市场

自由市场是指人们在市场上自由交易，购买自己需要的产品和服务，它是服务供给的最基本方式。从原理上讲，一切私人产品及俱乐部产品和服务，包括衣、食、住、行、医疗、教育等都可以采用这种方式供给。每个人可以根据自己的偏好和需求选择所需要的服务。在自由市场方式中，生产者是私人企业，消费者安排服务和选择生产者，是服务的提供者和消费者。在此过程中，政府的基本职责是规范市场交易行为和制定服务标准。相比较而言，在这种方式下政府的介入程度低，发挥的作用非常有限。

9.自我服务

自我服务，也称为自助服务，是公共服务供给的另一种重要方式。自我服务是以会员性的社会组织或特定区域内的社区等为主体，以自我动员和相互动员为方式，以互助互益为目的而提供的一种公共服务。在这种方式下，消费者既是服务的生产者，也是服务的提供者和消费者，集三种角色于一身。在自我服务方式中，家庭是人们在住房、健康保障、教育等方面最古老也最具有效率的自我服务组织，它为其成员提供了广泛而重要的服务，如对儿童和青少年的教育、对老人的赡养、对生病亲属的照料、为未成年子女提供住房等，都属于这样的服务方式。

10.志愿服务

志愿服务是通过志愿劳动、慈善组织等提供人们需要的服务。在志愿服务这种方式中，志愿团体扮演服务提供者的角色。而服务的生产，既可以由他们自己直接完成，也可以通过雇用和付费给企业生产。志愿服务组织既可能是现有的，也可能是为提供特定的服务而创建的。创建志愿组织提供公共服务一般须具备这样几个条件：一是对服务的需求明确且持久；二是有足够多的人乐于花费时间和金钱提供服务；三是志愿团体拥有的技术和资源保证有能力提供这种服务；四是通过提供这种服务能实现志愿团体的目标，达到精神上的满足。

（四）公共服务供给方式的特点

对各种公共服务供给方式的比较，可以从如下10个方面进行，分别是：服务的具体性、生产者数量、效率和效益、服务规模、成本与收益的关联性、对消费者的回应性、应对腐败和欺骗行为的能力、经济公平、对政府指导的回应性和政府规模。

1.服务的具体性

它是指该服务能否被清晰地描述，能否形成相对一致和明确地对服务内容和服务质量的要求。如果某项公共服务能被具体和清晰地描述，原则上可以采用任何方式予以供给。现实中，部分公共服务的质量很难被清晰界定，在这种情况下，通过广泛地监测、严密地控制、加强消费者与生产者之间的信息交流、促进生产组织过程中上下层的紧密合作等多种措施，可以改善供给效果，提升有效供给水平。

2.生产者数量

对于部分公共服务而言，该领域的进入相对比较容易，已有的和潜在的生产者可能很多。也有些公共服务，或者由于需要大量投资，或者由于存在其他进入障碍，已有的和潜在的生产者会比较少。生产者数量上的差别会直接影响公共服务供给方式的选择，一般而言，只有在存在或者可能存在比较多生产者的情况下才能选用合同外包、自由市场和凭单等方式。

3.效率和效益

对于任何公共服务，都必须考虑供给效率、效益和公平性。提升效率和效益，其决定性的因素是竞争。如果某种公共服务供给方式中包含的竞争性越强，消费者的选择权越大，服务效率和效益往往会越高。一般而言，如果有足够多的生产者可供选择，自由市场、合同外包和凭单最有利于形成竞争，采用这些公共服务供给方式的效率和效益会比较高。相比较而言，特许经营、补助、政府间协议、政府出售和志愿服务等几种方式也可以带来一定程度的竞争，但竞争的激烈程度比较弱，效率和效益可能不太高。政府服务多以无竞争和不受管制的方式运营，这种情况下官僚机构具有的低能力和低效率等内在特征会表现出来，效率和效益可能会比较低。

4.服务规模

一般情况下，服务规模会影响服务效率，当然不同的服务其最佳规模也不尽相同，这与服务及服务过程的特点密切相关。在各种公共服务的供给方式中，除政府服务、自我服务和政府出售外，其他供给方式允许生产者规模独立于提供者规模，生产者可以追求规模最优化，实现规模经济。再从实现规模经济的可能性看，政府间协议比政府服务更具可能性。但是，由于受现有行政区划和行政管辖权等方面的限制，政府间协议又不如合同外包和凭单更具可能性。相对而言，合同外包和特许经营最具实现规模经济的可能性，因为当生产者的规模小于需求时，所在地区会被划分为两个甚至多个独立的部分，每个部分达到最佳规模；反之，则特许经营者或合同外包商可以向邻近地区出售服务，实现最佳规模。

5.成本与收益的关联性

如果成本与收益之间的联系非常直接和紧密，会促进消费者理智消费，提升服务效率和水平。一般而言，只有私人产品、部分准公共产品的成本与收益之间存在直接联系。由于自由市场、凭单、补助、特许经营等方式中消费者直接向生产者购买服务，成本和收益的关联性高。另外，某些志愿服务也具有这一特征。

6.对消费者的回应性

消费者与生产者之间直接联系，还会提高生产者对消费者服务需求的回应水平，使生产者能更好地满足消费者的需求。在公共服务的各种供给方式中，由于自由市场、凭单、无合同的志愿服务、补助、特许经营和自我服务等的服务消费者也是提供者，消费者与生产者之间存在直接联系，对消费者的回应性更强。

7.经济公平

某种公共服务供给方式能否向消费者提供公正和公平的服务，即经济公平性，是选择公共服务供给方式必须考虑的因素之一。要分析经济公平性，首先要讨论市场机制是否是公平的，主要是看所有用户是否受到公平的对待，同一产品或服务每人是否须支付同样的价格。因此，凭单、补助、合同外包、政府间协议和政府服务等都可以被政府部门运用作为公平的方式供给服务。

8.对政府指导的回应性

公共服务实际上被作为一种工具用于实现政府的目标，但是不同的公共服务供给方式实现这一目标的程度显著不同，政府服务、政府间协议、特许经营、补助、合同外包等方式可以更好地做到这一点。

9.政府规模

不同的公共服务供给方式，对政府雇用人数和政府规模的要求自然不一样。显然，政府服务安排下政府规模最大，自由市场、特许经营、志愿服务和自我服务的政府规模最小，合同外包、补助和凭单只要求政府管理服务而非生产服务，对政府规模的要求相对而言也比较小。

归纳上述分析可以发现，各种公共服务供给方式的特点有显著的差别，有些对生产者的数量要求比较高，有些则相对较低；有些应对腐败和欺骗行为的能力比较弱。从市场化供给公共服务的角度分析，在公共服务的10种供给方式中，有7种方式的生产者是私营部门，即合同外包、补助、凭单、特许经营、自由市场、志愿服务和自我服务，其余3种方式即政府服务、政府间协议和政府出售的生产者是政府。对这10种方式按照市场化程度进行分类，市场化特征最明显的放在最高端（见表4-2），反之摆在最低端。

通过表4-2可以看出，第一，自由市场、志愿服务和自我服务的市场化程度最高，因为这几种方式中政府介入最少。第二，特许经营。尽管纯粹的特许经营方式不需要政府直接支出，但政府是公共服务的提供者。第三，凭单、补助和合同外包。在这些方式中，人们接受公共服务的自由选择权依次下降，政府支出依次上升，如在补助和凭单方式中，政府只支付部分成本，而合同外包中政府要支付全部成本。第四，政府出售，尽管政府出售中政府是生产者，但是它依赖于市场机制。第五，政府间协议之所以被置于政府服务之上，是因为政府间协议涉及具体界定和购买某项服务，更具有市场导向。

表4-2 按市场化程度对公共服务供给方式的排序

生产者	供给方式	市场化程度
私人及私营机构	自由市场、志愿服务、自我服务	市场化程度由上而下逐渐下降
	特许经营	
	凭单	
	补助	
	合同外包	
政府	政府出售	
	政府间协议	
	政府服务	

表4-2表明，各种公共服务供给方式的由上向下，意味着公共服务的供给更多依靠社会和民间组织特别是市场，更少依赖政府。也就是说，公共服务供给方式由下向上转变的过程就是民营化和市场化的过程。所谓公共服务市场化，可以概括为如下四个特征：一是由政府服务向合同外包、补助、凭单、特许经营、志愿服务和自由市场等转变；二是取消对生产者的补助，代之以凭单、志愿服务和自由市场安排；三是放松对特许经营的管制，取消价格控制和进入障碍，尽可能通过市场安排来满足人们的需要；四是对政府提供的私人产品和俱乐部产品实施使用者付费制度。

第三节 公共服务推进科技资源共享的实践路径

一、我国国家层面在推进资源共享的主要做法

中国科技资源共享网（以下简称共享网）是科技部、财政部共同推动建设的国家科技基础条件平台门户网站，是国家科技基础条件平台建设中的一个核心内容，是科技人员及广大公众用户通向国家科技基础条件平台的桥梁，是平台上各种科技资源信息服务的一个集成式提供点。共享网坚持"用户至上，服务为本"的原则，面向社会开放，为广大科技人员和社会公众提供科技资源信息导航和特色服务推介。其宗旨是充分运用现代技术，推动科技资源共享，促进全社会科技资源优化配置和高效利用，提高我国的科技创新能力。经过近5年的稳定运行，共享网已经发展成为我国科技条件资源信息汇交的中心和信息发布与成果展示的窗口，也是科技资源管理决策的支持系统和国内外科技资源信息交流的枢纽。

通过与共享网的站点对接，各资源单位形成了战略联盟，冲破各科技资源领域的封闭性，向社会提供专业化、个性化的科技资源信息服务、网络协同服务及跨领域交叉融合的知识服务，实现科技信息资源的共建共享。相关工作开展的过程中，促进了科技领域资源信息服务业市场的培育，形成了科技信息服务的产业链，在科技信息共享与服务过程中实现了多方共赢，有效推动了现代科技资源服务业的发展。

共享网设立了科技资源信息数据库、科技信息动态、平台建设成果、科技资源网站导航等板块，还开设了政策法规、标准规范、地方特色平台、国际交流、研究实验基地、企业创新支撑平台、资源动态、重要建设成果等栏目，为用户提供资源管理、检索导航、绩效评估监测、专题服务等功能服务。

为了实现国家层面的科技资源优化配置，加强行业、部门和地方科技资源的沟通与互动，共享网还承担着地方、行业优质网站的加盟工作。站点加盟是重要的资源扩充手段，通过以资源和服务加盟为主、网站链接加盟为辅的手段，促进资源规模扩大、资源质量的提高。截至目前，北京、上海、重庆、广东等省市及制造业信息门户网站等优质资源平台已加盟共享网，促进了地方及行业优质科技资源的整合与利用。通过与国外资源单位合作，遵循元数据收割协议，研究开发了元数据收割系统，收割国外免费开放文献（Open Access）站点的大量科技文献资源、项目信息等。同时，通过收割国外资源元数据并进行二次加工处理，形成国外OA期刊专题数据库。OA期刊专题数据库的建立在很大程度上

丰富了共享网的资源内容和数量，对帮助我国科研人员及时掌握世界科技动态具有极其重要的参考价值。

国家科技基础条件平台集成了丰富的科技资源，为了充分利用这些资源，方便科技人员在工作中准确地查找、定位资源，提高资源的使用率，共享网应用了先进的科技资源检索与导航工具，充分利用国家基础条件平台的科技资源信息，将已有的各科技资源应用系统的资源搜索功能有效组织起来，方便用户可以按照分类体系直接定位到所需的元数据。与一般的检索系统相比，共享网的科技资源检索与导航系统在对 Web 页面、网络文献检索的基础上，增加了针对科学数据、自然资源、大型科学仪器设备等科技资源的检索与导航服务，支持按照资源类型分类导航检索科技计划数据资源，提供资源高级检索功能，支持从多粒度、按多种条件检索资源数据，并提供资源在线下载服务。共享网的科技资源检索系统需要利用各子平台已有的搜索引擎和元数据目录，根据科技人员所指定的主题，将分散在不同资源子平台乃至 Internet 上的文献、标本、图片等资源围绕主题关联起来，为科技人员提供面向学科领域或特定科学问题的"立体式"科技资源信息，从而实现比商业搜索引擎更专业、更全面、更准确的科技资源检索功能。

共享网通过平台评估监测系统为管理人员提供对资源站点的监测、评估和管理，帮助他们了解资源站点的运行状态、变化趋势和使用情况，及时对资源站点进行管理维护，改进服务方式和手段，使站点能够可靠、高效地为科技人员提供服务。同时，为国家主管部门提供有关科技资源的管理信息和决策提供依据，并为平台服务绩效考核工作提供支撑数据。共享网评估监测系统对 23 家已经通过评议的平台资源站点的监测主要包括用户访问情况（反映平台资源受到社会的关注度）、用户分布情况（反映了我国不同地区对科技资源信息的利用情况和受众率，以及我国科技资源共享在国内外的影响力）、网站运行情况（主要反映资源站点基础设施的管理水平和建设情况）等内容。监测的结果以图形、报表等多种可视化形式呈现，较为全面地反映了各平台的运行服务情况，为各平台的绩效考核工作提供重要支撑。各科技平台资源站点是国家科技基础条件平台的重要组成部分，也是社会公众获取平台信息和服务的主要渠道。对平台科技资源站点服务的评估监测，能够反映各平台应用系统、资源信息、网络基础设施、安全系统、制度保障等方面的具体情况，为相关工作的优化提供依据。同时，对资源站点为社会提供服务的数量和质量的及时追踪，便于平台中心总体掌握各平台的建设和应用状况，从而指导科技资源站点规范化建设，促进平台建设的全面发展。对网站运行情况、用户访问情况和分布情况的统计分析，客观、合理地评鉴科技资源站点的运行服务情况，在一定程度上反映了各平台网站的资源信息服务质量和水平。评估监测的结果以监测分析报告的形式定期发布，为平台运行服务的绩效考核工作提供有效的支撑。

为有效拓展资源信息服务的方式与范围，进一步提高服务能力，共享网围绕国家发展重点和社会普遍关注热点，尤其是战略性新兴产业兴起的需求，结合领域科技资源的特点，对各科技平台资源信息进行战略重组和优化，形成特定领域权威性的专题信息服务，并初步形成了一套针对海量科技资源信息的管理体系和服务模式，面对社会开展快捷、方便的专题式服务，提高科技资源的综合利用效益。目前，已向社会提供农村医疗服务、制造业信息化、国际开放期刊、世界科技动态、EScience会议与期刊等专题服务。围绕国家发展重点和社会普遍关注热点，针对社会和不同用户需求，结合领域科技资源的特点，共享网已主要完成数个专题的建设服务。农村三级医疗卫生服务专题网，依托人口健康科学数据平台的优质医疗资源，该专题将人口健康科学数据平台资源推送到农村三级医疗卫生服务机构运用当中，重点解决农村医疗资源匮乏问题，同时也为家庭和个人提供健康咨询服务，为农民获得基本医疗卫生服务提供保障。专题服务的开展促进了"小病不出村、一般疾病不出乡、大病基本不出县"的农村医疗卫生发展目标的实现。专题服务已经在河南省光山县、湖北省英山县、陕西省延安市安塞县、江西省井冈山等地开展了试点工作。先进制造信息化专题，依托e-works制造业网站，该专题集成e-works已有的产品创新数字化、管理信息化、信息安全与管理、工业与自动化、先进制造技术、工业企业管理、制造业与信息化、信息化咨询服务等领域的优质资源，通过共享网向用户重点提供专业、便捷的制造业信息服务。食品安全专题，针对国家近年来食品安全问题频发，共享网整合检测资源平台、标准文献平台、标准物质及检测机构四家平台与食品相关的科技资源，建设食品安全专题，向社会宣传食品安全知识。国际OA期刊专题，根据OAI（开放存取计划）协议采集国外OA免费文献并整理，建立了国外OA期刊专题数据库，国外科技动态专题，与科技部国际合作司合作，整合驻外科技调研简报，资源涉及环境、能源、自然灾害、纳米技术、生物技术、信息技术、知识创新等诸多领域，以科技文献共享的方式服务社会，其中收录的动态文献很大程度上代表了全球科技的发展趋势，对我国科技工作者及时掌握科技动态、拓展国际视野具有重要意义。

此外，关于公共服务推进科技资源共享的实践路径还有构建科技基础条件平台，整合聚集优质资源；组织国家科技基础条件平台，面向需求开展专题服务等，篇幅所限，这里不再一一解释。

二、我国地方层面在推进资源共享的主要做法

（一）首都科技条件平台的建设与运行

1.典型做法

（1）引入专业服务机构，推动资源的市场化运营

为了在不改变科技资源的产权归属的前提下，最大限度地提高科技资源的开放共享效

率。北京市科委在研发试验服务基地的建设中，积极引入专业服务机构作为基地科技资源的核心运营载体，开展科技资源共享服务的市场化运作。研发实验服务基地不是依靠股权联系的实体组织，不具有独立的法人资格，它实质上是一个利益共同体。根据北京市科委的要求，研发实验服务基地由北京市科委和资源单位（高校、科研院所、大型企业）联合共建，资源单位授权一家"在本工作体系范围内、企业法人且具有运营服务能力"的专业服务机构开展科技资源共享服务的市场化运作。

在研发实验服务基地体系内，仪器设备等科技资源的产权归属仍在高校、科研院所，原体制下科技资源的管理部门在基地研发实验服务基地体系中仍然发挥着重要作用：包括参与基地的专业化管理、协助专业服务机构开展基地资源调研、动员基地成员积极开放资源、出台配套的管理考核办法等。高校、科研院所通过与专业服务机构签署协议的形式，授予其科技资源的经营权，从而实现了科技资源所有权与经营权的分离。

专业服务机构"一手托资源、一手托市场"，是基地的核心运营载体，其作用可概括为整合资源、调动资源、挖掘市场需求、对接服务、深度研发实验服务。具体而言，专业服务机构对内负责基地的专业化管理、基地资源的调研分类、基地成员的沟通协调、基地运行机制的建立；对外负责基地宣传、客户资源维系和开拓、需求调研等市场化运营工作。专业服务机构在共享服务的实施过程中承担了内部资源与外部市场间的桥梁角色，包括客户接洽、资源调度与结果反馈等。

研发实验服务基地通过在内部建立科学合理的工作机制和利益分配机制，使得基地成员与专业服务机构成为一个紧密联系的利益共同体，促进了科技资源的最大化利用。

工作机制是指在研发实验服务基地内部成立由主管领导、相关部门负责人组成的工作小组负责研发实验服务基地的规划和指导工作，专业服务机构作为基地的对外服务窗口并组建专门的工作团队负责研发实验服务基地的管理和运营工作。以中国医学科学院研发实验服务基地为例，该基地成立了由北京市科委、医科院主管领导及基地成员单位相关人员组成的领导小组，统筹规划基地建设、监督管理成员单位及审议基地重大问题；由行业专家组成的专家委员会协助成员单位解决项目执行中遇到的重大技术问题；具体建设运营由北京协和医药科技开发总公司、国家新药开发工程技术研究中心共同承担，两家公司建立了功能互补、有效衔接的管理制度。为了进一步开拓市场，运营机构还与二级中介（基地各成员下属服务机构及北京市科委的专业中心）形成互动。

利益分配机制是指干系人（校方/院方、管理部门、实验室和专业服务机构等）作为利益共同体，在承接企业研发实验服务时对服务收费的分配方案，包括研发服务费、实验人员费、实验用耗材费、水电费和管理费等分配标准与形式，宗旨是充分调动各方积极性并实现共赢。利益分配的具体细则由基地内部协商决定，北京市科委不予统一规定。为确保内部工作机制和利益分配机制落到实处，各研发实验服务基地在广泛征求干系人意见的基础上纷纷出台了具有行政约束力的红头文件或由专业服务机构与基地成员分别签订协议。

（2）构建基于信息网络和工作网络的创新网络

首都科技条件平台通过搭建"三位一体"的科技资源共享服务体系，形成了一个以促进科技资源开放、支撑中小企业技术创新为宗旨的创新网络。这个系统化、规模化、专业化的网络包含了高校、科研院所、北京市科委、科委专业中心、中介机构、中小企业等各方主体。

①信息网络

为了强化首都科技条件平台的对外服务功能和对内管理功能，北京市科委积极推进首都科技条件平台信息网络建设和运行。首都科技条件平台门户网站是首都科技条件平台的对外总窗口，依托信息技术和网络技术为平台的信息公开、查询检索、预约服务、内部管理、网络安全等多项事务提供技术支撑。门户网站设置了面向平台管理者或平台用户的应用支撑服务功能模块。门户网站后台四大数据库（科技成果库、科技人才库、仪器设备库、需求库）为其正常运行形成支撑，其中科技成果库、科技人才库、仪器设备库是通过对研发实验服务基地、领域平台科技资源的地毯式搜索汇总所得，正在建设中的需求库汇集了中小企业对测试、研发和技术转移的具体需求，数据源自客户需求登记或市场调研。

信息网络建设是推动首都科技条件平台科技资源综合集成与高效利用的重要抓手。首先，门户网站在赋予了首都科技条件平台统一接口和整体形象的同时，构建了连接资源方与需求方的信息通道；其次，首都科技条件平台的信息网络也是平台体系内部各成员单位间科技资源、客户资源、技术信息互联互通的神经网络，特别是仪器设备库、科技成果库、科技人才库、需求库的建设为研发实验服务基地、领域平台、工作站三大主体间的联结互动提供了利益分配机制、工作机制等软支撑背后的硬保障。

②工作网络

首都科技条件平台的科技资源共享服务体系不仅是一个信息网络，还是一个"研发实验服务基地—领域平台—工作站"三层联动的工作网络。层内联动机制发生在工作站共建双方之间，科委专业中心与联盟成员单位之间，研发实验服务基地内部的管理部门、开放实验室、专业服务机构之间；层间联动机制发生在科委专业中心之间，领域平台与研发实验服务基地之间。这些联动机制大都以协议的形式明确双方的职责分工与利益分配办法。

在整个工作网络中，政府（北京市科委）、科委专业中心、行业联盟、专业服务机构、高校、科研院所和企业等创新系统内不同主体（或节点）之间通过各种关联形成科技资源支撑中小企业技术创新的协同效应。

首都科技条件平台建设强化创新网络各节点之间的联系。例如，专业服务机构与高校、科研院所等资源方之间的联系，专业服务机构与科委专业中心之间的联系，科委专业中心与工作站共建方的联系都是建立在协议的基础之上的。此外，俱乐部将定期组织活动，通过非正式沟通增进研发实验服务舰队内部关于机制建设和共享服务经验、资源供给与需求信息的共享。首都科技条件平台以中关村核心区、亦庄和大兴、通州、昌平等区县为重点，依托市科委直属的生物中心、软件中心、新材料中心、可持续发展中心、生产力中心、技术交易中心、装备中心、创业中心、科技开发交流中心和工业设计促进中心与不同区域或产业的科技企业进行供需对接，进一步支撑企业技术创新。这些科技资源需求旺盛的地方或产业，原本与研发实验服务基地、行业联盟等无联系，现在以工作站建设为契机，通过科委专业中心这座桥梁，成功与资源单位和创新网络连通。

另外，手握市场需求信息和客户资源的专业中心在首都科技条件平台体系中的重要性将进一步加强，与科技资源方、中介机构的议价能力也随之增强，有利于其发展独立业务、提高社会影响力。

总之，首都科技条件平台通过"研发实验服务基地—领域平台—工作站"三位一体的科技资源共享服务体系构建了一个基于信息网络和工作网络的创新网络，打破了部门之间、地区之间、产学研之间条块分割、相互封闭的格局，建立了政府、高校院所、行业联盟、专业服务机构、企业等网络节点之间多种形式的关联，组建了一支由主管领导、科研人员、技术服务人员、经营管理人员、科委专业中心工作人员组成的富有凝聚力的团队，达到了聚集效应、协同效应，并且赋予了条件平台整体形象。

2.首都科技条件平台的创新性

（1）理念创新。主要体现在如下两个方面：

一是从"供给"到"需求"。长期以来，各级科技政策主要关注供给方面，缺乏从需求方面出发的政策。首都科技条件平台在促进高校院所整体开放、增加科技资源供给的同时，特别强调对企业需求的挖掘和对接，通过建设工作站、技术转移领域平台及走访企业等多种方式，强化需求方在科技资源开放共享过程中的拉动作用。

二是从"供血"到"造血"。首都科技条件平台将可持续发展作为重要的政策方向。建设期间的政府投入旨在建立平台长期自我造血的制度基础，形成"市场导向、利益驱动"的内生动力。政府注重营造有利于平台自我造血的政策环境。北京市科委规定，各单位在申报市科技项目中涉及首都科技条件平台已开放的仪器设备时，政府将不予批准购置，只补贴使用设备租赁费，这不仅堵住了设备重复引进的路径，也增加了资源方和中介方的市场空间。此外，首都科技条件平台逐步形成了成员单位投入、技术服务收入和政府资助共同组成的多元化经费投入模式，为最终建立政府退出机制奠定了基础。

（2）机制创新

首都科技条件平台通过机制创新，引入专业服务机构作为核心运营与服务载体，在不改变现有科技体制框架的前提下分离了科技资源的所有权与经营权，解决了科技资源的市场化运营服务的问题，探索出了一条科技体制改革的新路径。具体而言，高校院所授权一家在本工作体系范围内、具有独立法人资格、公司化运作且具有运营服务能力的专业服务机构作为研发实验服务基地的核心运营载体，"一手托资源、一手托市场"，发挥连接社会需求和科技资源服务的纽带作用。基地内部通过工作机制和利益分配机制的突破，实现了专业服务机构与高校、科研院所的深度对接：校（院）领导挂帅，相关部门联动的工作团队是基地对内协调、对外服务的组织保障；技术服务收益的合理分配方案有利于将管理部门、实验室、专业服务机构等相关方结合成利益共同体，形成科技资源开放共享的内生动力。

（3）组织管理创新

首都科技条件平台搭建的"研发实验服务基地—领域平台—工作站"三位一体的共享服务网络体系，凝聚了一批包括各级领导、科研人员、技术支撑人员、联络员和工作人员组成的工作团队。为了确保条件平台工作高效运作、落实到人，科委专业中心与领域平台成员单位、研发实验服务基地及工作站之间都建立了联系人制度。北京市科委通过政策引导、协议约束和机制带动，除与各成员单位签署合同外，还强化首都科技条件平台的内部管理和运营，建立一套科学合理的绩效考核指标体系，通过定性和定量两类指标明确成员单位的年度工作任务，严格审计政府资金用途。

科技特派员采取成员单位轮值替换的方式到基地办公室现场办公，及时梳理、分析仪器设备和科技成果信息，解答企业的技术需求。对于科技特派员深入企业解决企业实际困难并成功促成与企业合作的项目，签署"所企专业运营机构"三方合作协议，科技特派员可提取中介收入的5%～20%作为现金奖励，充分调动了科技人才的工作积极性。此外，还设立了科技成果转化"专项资金"，支持基地办公室专职人员与科技特派员共同开展项目立项前调研、分析、评估等研究工作，形成立项建议书和商业计划书，为科研院所和企业提供专业服务。

（4）共享服务措施创新

"北京模式"的实施催生了许多促进科技资源共享服务的新举措。

第一，编制开放服务目录。开放服务目录的重要功能除了信息公开，还在于确保政府对首都科技条件平台的管理考核有据可依，真正发挥政府考核的驱动作用。第二，集中管理仪器设备。长期以来，高校院所科技资源分散在院系、课题组、实验室，科技资源在空间上的分散布局导致在市场化运营过程中难以形成规模经济效应。为此，许多基地开始探索仪器设备的集中管理模式。第三，变"被动服务"为"主动服务"。由于科委专业中心、专业服务机构在资源方和需求方之间的桥梁作用，研发实验服务基地和领域平台打破了长期以来被动等待的服务模式，采取主动出击的方式，对接企业需求。

（二）上海研发公共服务平台的建设与运行

1.面向地方重点产业

技术创新服务平台的总体定位，是以支撑产业发展为目标，以企业技术创新共性需求为导向，优先构建面向重点产业振兴和战略性产业发展的技术创新服务平台。上海建设的区域技术创新服务平台是面向上海重点发展的九大高新技术产业和七大战略性新兴产业，通过为产业提供综合性的、覆盖技术创新服务链的、系统性的公共服务，支撑并推动产业的创新发展。已建成的12家技术创新服务平台分别面向生物医药、软件信息、电子信息、新材料、新能源、新能源汽车、重大装备、节能环保等高新技术产业；61家专业技术平台的产业领域分布也集中在生物医药、电子信息、软件信息、重大装备、新材料和新能源等战略性新兴产业。

2.根据资源情况采取多种组织建设模式

上海技术创新服务平台建设主要有如下几种方式：

一是由科技中介机构特别是具有部分政府职能的中介机构牵头组建，包括生物医药平台、动漫平台、软件平台和集成电路平台。这些科技中介机构多是政府主导成立的机构，这类平台往往通过政府的引导和支持，来整合和激活产业内的创新优势资源，通过集成外部资源，形成创新服务链。二是由在行业内具有技术领先优势的转制院所或高校牵头组建平台，包括中小型电机平台、特种线缆平台和清洁发电设备平台。转制院所长期从事行业共性研究和关键技术开发、设计与应用，行业技术储备能力雄厚，具备行业公认的资源优势和品牌地位，服务全国的辐射与引领能力强。这类平台往往整合院所内的重点实验室、工程中心、企业技术中心、标委会、行业协会等内部资源，拥有全方位为行业服务的能力。三是针对战略性新兴产业，通过部市合作等方式投入较大的资金，新组建的产业技术创新服务平台。

3.具备完善的服务功能

上海技术创新服务平台在建设过程中不断完善服务功能，向企业特别是中小企业提供条件保障、技术研发、成果转化和人才培养四大服务功能。

一是条件保障服务功能。平台集成人才、技术、设备、信息等优质资源，面向企业提供检测、设计、信息、标准、知识产权等公共服务。例如，特种线缆平台通过内部资源优化和有效整合，形成以专业技术、标准化技术、检测试验、信息会展、教育培训等板块构成的科技服务体系，为整个行业的技术能级与产品水平的提升乃至面向全社会提供技术资源共享，构建面向全行业和全社会的科技服务平台。

二是技术研发服务功能。平台开展产业共性关键技术的攻关和前瞻性技术的预研，并接受企业委托，开展技术研发与咨询诊断。

三是成果转化服务功能。平台对已有成熟的科研成果进行产业化和工程化，向中小微企业加快推广先进适用技术和新产品。通过技术转移和技术扩散，整合行业和地方的各种人才、技术等资源，逐步形成较为完整的科技成果转化体系。

四是人才培养服务功能。平台整合优势设备资源和教学条件，为企业开展多种形式的人才培养与培训。例如，软件平台聚焦专业技术人才培养，建立了创新型培训实训基地。平台联合上海软件园、复旦大学、上海交通大学、浙江大学、同济大学、华东师范大学、解放军信息工程大学、华东计算技术研究所、沈阳软件园、昆明软件园等知名高校和优秀企业，成立研究生培训实训基地、人才培养基地等。平台还通过一系列举措整合优势设备资源和教学条件，为企业开展多种形式的人才培养与培训，为各类创新载体和企业之间的人才双向交流提供支撑。

五是具有健全的运行机制。上海技术创新服务平台在运行方面大都采取理事会领导下的主任负责制，形成了具有决策、执行和监督等职能的组织机构和权责明确、协同高效的管理体制。对于涉及单位较多，对地方产业促进较大的平台，上海市科委还积极参与平台的运行指导。

同时，在经费投入、利益分配、服务规范和绩效评估等方面，形成了保障平台良好运行和可持续发展的制度体系。例如，生物医药平台成员单位在保留各自独立运行方式的前提下，通过分工协作机制，统一对外承接服务任务。一是推举上海生物医药科技产业促进中心作为依托单位，按照市场化管理方式，负责平台成员单位的联络、对外宣传、业务承接、服务合约签订、项目跟踪与管理；二是由平台发起单位制定并签署了联盟合作协议、平台技术与商务合作协议、平台章程和议事规则、平台运行管理办法、平台项目管理和绩效考核办法等，保证平台的有效运行；三是建立了网上平台服务咨询系统，制定了平台服务指南、服务流程和服务手册来规范各成员单位的对外服务行为，提升平台的整体对外形象，促进资源的有效整合和使用，确保了平台日常内部管理工作的顺利开展。再如，特种线缆平台建立了相对独立的运行管理体系及规章制度体系，包括人才激励机制、技术创新机制、技术转化途径、合作开发、规范服务要求等。各部门根据工作实际，设定岗位工作制，并以岗位工作加工作绩效确定岗位工资及年薪待遇。实行以项目为载体带动技术领域的拓展与服务，通过项目壮大科研队伍、提升服务能力、改善科研环境，并为科技人员创造宽松的工作氛围和增强持续稳定的创新能力。

第五章　科技管理制度中知识产权管理的实践

第一节　科技计划和科技项目的知识产权管理

科技计划项目是指由研究机构承担的，以一定的研究方法达成特定研究目标的计划项目。从一般意义上来说，科技计划是一个较为系统和宏大的整体，可由若干子计划组成。科技项目规模较小，以解决某一具体问题为研究目标。科技计划项目的承担者包括专门的科研机构、高等院校、企业研发部门等。研究经费可以来自政府财政资助、企业资助、社会资助等多种渠道。这里提及的科技计划项目，主要是指政府财政资助的国家和地方各级科技计划项目。由于政府资助科技项目涉及财政资助，因此需要对其资助的科技计划项目进行较为严格的控制和监管，确保项目的正常运行和成果产出。在这个过程当中，项目成果与知识产权的保护、运用和管理等问题就产生了实际联系。科技计划项目的知识产权管理应包括政府在科技计划项目的申请、立项、执行、验收、监督中的对知识产权创造、管理、保护和运用流转等方面的动态管理。

科研项目知识产权全过程管理就是以科研项目研制需求为目标，在科研项目运行及其成果存续期间，通过项目研发过程中的知识产权登记，保护方式确定，专利战略制定等步骤，结合成果的知识产权信息利用、成果应用与转化等成果管理环节，将知识产权管理工作贯穿于科研项目立项、实施、验收全过程，以促进知识产权成果的创造、保护和运用。

一、项目立项阶段

从科技项目管理者和承担者角度分析，在科研项目的立项阶段，在知识产权管理领域，需要完成以下几项工作：

科研项目管理者在确定项目研发方向和领域时，应当进行知识产权现状的初步调研，根据知识产权成果的分布情况辨别和筛选科研项目的重点研究领域，作为确定科研项目重点研究方向和制定申报指南的依据。知识产权现状的前期调研是为了全面了解某科研领域的研究现状、成果和研究水平，避免重复研究和低水平研究。知识产权状况的现状调研对于整个科研计划项目的质量和运行十分重要。

在科研项目申报指南发布后，项目申报者根据项目要求和申报指南，确定申报课题，应进一步全面了解该课题领域的知识产权现状，在该基础上确定自身的研究方向和角度，力图在研究空白点或研究深度、广度上体现自身的研究价值和学术意义。

在科研项目申报结束后，科研项目管理者应当对所有申报材料进行认真的形式审核，确保申报书中体现了知识产权调查内容。然后根据项目立项审核流程，邀请专家进行立项评审。在邀请专家环节，应确保有知识产权专家或者有知识产权背景的专家进入专家评审组，保证知识产权问题的审核质量和专业水平。

二、项目实施阶段

在申报书的基础上，明确项目的知识产权目标，包括知识产权成果保护形式、进度安排、权利义务分配等。

对总项目进行分块，在形成若干子项目后，分别确立不同的知识产权状况分析任务，对各具体领域进行完整的知识产权前期分析和总结，然后开始项目运行。

在项目实施过程当中，应对相关领域的科研问题进行持续的知识产权动态跟踪和分析，根据实际情况进行研究方案的调整。

针对在项目实施过程中产生的阶段性成果，要及时进行确认，并采取合适的知识产权保护制度，包括技术秘密保护、专利申请、论文发表登记等。无论采取何种保护形式，都需要明确各方当事人的权利义务，避免纠纷。

在项目实施运行当中，时刻保持对知识产权风险的关注和预警，包括他人侵犯本项目的成果和项目组侵犯他人知识产权成果两个维度。

项目管理者应当按照流程对项目实施进度和实施质量进行外部监督，还包括中期检查等必要环节。

三、项目结题阶段

项目完成后，项目承担者应当依据申报书和项目合同内容制作成果清单，列明获得的知识产权成果内容和保护形式。如未完成合同规定目标，则须说明理由并提供后续改进方案。

项目管理者应当对结题材料进行形式审核，按照结题评审流程邀请专家进行审核，同立项阶段相同，专家组中需要有一定数量的知识产权专家，对知识产权相关问题进行确认和审查。

四、项目成果转化阶段

项目结题后，倘若项目成果进入成果转化环节，就需要项目承担者针对知识产权成果进行成果保护和使用方案设计，例如专利的许可、转让、融资、商业化和产业化。在此过程当中，需要注重对非专利成果的技术秘密保护，以及专利成果的合法合理使用，避免资产流失和成果外泄。

对科研项目管理者来说，项目结束后，应当对科研成果进行分析、统计和信息公开，促使项目成果在社会效益上发挥作用，促进学界、产业界在相关领域的信息交流，共同提高科技研究水平和质量。

五、科技项目知识产权管理体系的完善——以"科技支撑计划"为例

（一）国家科技支撑计划简介

国家科技支撑计划是在原国家科技攻关计划的基础上，面向国民经济和社会发展需求，重点解决经济社会发展中的重大科技问题的国家科技计划。该计划的设立目的是为贯彻落实《国家中长期科学和技术发展规划纲要》（以下简称《纲要》），集成全国优势科技资源进行统筹部署，为国民经济和社会发展提供有效支撑。

国家科技支撑计划主要落实《纲要》重点领域及其优先主题的任务，以重大公益技术及产业共性技术研究开发与应用示范为重点，结合重大工程建设和重大装备开发，加强集成创新和引进消化吸收再创新，重点解决涉及全局性、跨行业、跨地区的重大技术问题，着力攻克一批关键技术，突破瓶颈制约，提升产业竞争力，为我国经济社会协调发展提供支撑。

支持领域包括：①为建设资源节约型、环境友好型社会提供强有力科技支撑。支撑计划把能源、资源和环境保护技术放在优先位置，抓紧研究开发适合国情的相关技术，积极开拓新的能源资源渠道，依靠科技进步，为资源节约型、环境友好型社会提供强有力的科技支撑。②为发展现代农业，建设社会主义新农村提供强有力科技支撑。支撑计划大力发展优质、高产、高效、生态、安全的现代农业技术，积极运用生物、信息等技术，加快农业技术升级，提高农业综合生产能力，保障粮食安全，提高农民收入，为社会主义新农村建设提供强有力科技支撑。③为调整产业结构，提升产业核心竞争力提供强有力科技支撑。支撑计划以掌握自主知识产权为核心，攻克一批关键技术，积极发展和运用高新技术，改造传统产业，加快发展现代服务业，为调整产业结构，提升产业核心竞争力提供强有力科技支撑。④为保障人民的安全健康提供强有力科技支撑。支撑计划坚持以人为本，把提高人口质量、生活质量，保障人民安全健康等公益事业作为重要任务，解决人民群众最关心的问题，为保障人民的安全健康，促进社会和谐发展提供强有力科技支撑。

（二）现行科技支撑计划知识产权管理制度的改进

从国家科技支撑计划现行的管理办法来看，该管理体系已经在一定程度上建立了知识产权管理制度，包括强调了项目组织者、项目承担者的知识产权管理职责，明确将知识产权分析工作列为可行性报告的一部分，明确将知识产权作为课题审查的主要考核目标之一，要求签订知识产权权属和权益协议等。但国家科技支撑计划知识产权管理制度还欠缺以下内容，在今后的制度建设和办法制定中可加以补充和改进：①计划项目组织者在确定项目研究方向和申报指南时，应当进行知识产权现状的初步调研，根据知识产权成果的分布情况辨别和筛选科研项目的重点研究领域，作为确定科研项目重点研究方向和制定申报指南的依据。知识产权现状的前期调研是为了全面了解某科研领域的研究现状、成果和研究水平，避免重复研究和低水平研究。②在项目立项审查阶段，应确保有知识产权专家或者有知识产权背景的专家进入专家评审组，保证知识产权问题的审核质量和专业水平。③在项目实施阶段，应明确项目的知识产权目标，包括知识产权成果保护形式、进度安排、权利义务分配；在形成若干子项目后，应分别确立不同的知识产权状况分析任务。④项目实施过程当中，应对相关领域的科研问题进行持续的知识产权动态跟踪和分析，根据实际情况进行研究方案的调整。⑤在项目实施运行当中，应时刻保持对知识产权风险的关注和预警，包括他人侵犯本项目的成果和项目组侵犯他人知识产权成果两个维度。⑥项目管理者应当按照流程对项目实施进度和实施质量进行外部监督，还包括中期检查等必要环节。⑦项目完成后，项目承担者应当依据申报书和项目合同内容制作成果清单，列明获得的知识产权成果内容和保护形式。如未完成合同规定目标，则须说明理由并提供后续改进方案。⑧项目管理者应当对结题材料进行形式审核，按照结题评审流程邀请专家进行审核，同立项阶段相同，专家组中需要有一定数量的知识产权专家，对知识产权相关问题进行确认和审查。⑨项目结题后，倘若项目成果进入成果转化环节，就需要项目承担者针对知识产权成果进行成果保护和使用的方案设计，例如专利的许可、转让、融资、商业化和产业化。在此过程当中，需要注重对非专利成果的技术秘密保护，以及专利成果的合法合理使用，避免资产流失和成果外泄。

第二节　科技人才管理中的知识产权人才队伍建设

一、知识产权人才概述

（一）知识产权人才的概念

科技的本质是创新，创新的关键是人才。人才兴则民族兴，人才强则国家强。人才对于一国经济和社会发展的重要意义不言而喻。知识经济的到来，意味着国家之间的竞争进入了高科技、高智商的竞争，高科技、高智商的竞争归根结底则是人才的竞争。科技进步和商业创新需要优秀的科研和商业人才发挥其聪明才智，推进科技的进步、经济的发展；同时，全球化分工协作早已是不可逆转的潮流，各行各业的专门人才也逐渐脱颖而出，其中也包括在相关领域从事知识产权管理工作、提供知识产权专业服务的知识产权人才。

所谓知识产权人才，是指从事知识产权工作，具有一定的知识产权专业知识和实践能力，能够推动知识产权事业发展并对激励创新、引领创新、保护创新和服务创新做出贡献的人。知识产权人才是发展知识产权事业和建设知识产权强国最基本、最核心、最关键的要素。与专门的科研和创新人才相比，知识产权专业人才并不是科技和经济舞台上的聚焦对象，但其在一国的科技、经济和社会发展中的辅助支撑作用却日益得到各界的承认和重视。《国家知识产权战略纲要》正式出台，是知识产权和知识产权人才重要性获得国家和社会认可的重要标志。《中华人民共和国职业分类大典》正式将"知识产权专业人员"纳入其中。随着社会对知识产权人才需求的日益扩大，对知识产权人才队伍的建设，成为我国建设知识产权强国的重要任务之一。

（二）知识产权人才的范围和分类

1.知识产权行政管理、执法和司法人员

此类人员具体对应以下行政部门：①知识产权专门行政职能部门，包括国家和地方知识产权局系统、国家和地方版权局系统等；②其他行使与知识产权管理相关权力的行政职能部门；③行政执法部门，包括公安部门、新闻出版署、市场监

管总局、海关系统等；④司法部门，主要指知识产权法院和上一级上诉法院等。行政管理和行政执法、司法知识产权人才根据工作职能特点，又可以分为领导决策类、政策制定类、项目管理类、行政执法类、法律事务类、国际事务类、战略规划类、文秘信息类、宣传教育类、人才管理类、统计管理类、财务管理类、行政事务类、专业技术类等。

2.企事业单位知识产权高级管理人员和日常运营人员

此类人员是广大企事业单位的内部工作人员，人数最多，也是接触知识产权事务最为直接的专业人员。从人员数量和工作性质来说，企业知识产权人才是知识产权人才队伍的最主要构成部分。根据岗位职责和人员层次，企业知识产权人才又可以分为知识产权高级管理人才和知识产权事务运营人才，前者主要负责企事业单位内部的知识产权制度体系的架构、知识产权战略的制定和实施、落实资源和统筹协调；后者负责知识产权的日常事务，管理和维护知识产权管理体系的运行。

3.知识产权中介和代理人员

知识产权中介和代理人员主要包括：专利代理人（须通过全国专利代理人考试，在国

家知识产权局登记上岗）、商标版权代理人、知识产权律师、无形资产评估师、提供资产流转和投融资服务的专业人员等。知识产权是一项无形资产，需要依据法律制度启动相关行政流程得到权利确认，在权利变更、流转、侵权救济过程中也需要遵循必要的操作流程才能使得权利得到确认和保护。这个过程与法律和行政管理关系密切，对一般的企事业单位来说，企业内部的知识产权专业人员无力应付此类工作，就需要委托社会第三方服务机构进行代理操作。同时，作为一项重要的无形资产，知识产权也可以作为投资和融资的重要资产工具，可以投资入股，也可以质押融资，这又涉及资本和金融领域的专业操作，需要委托社会第三方中介服务机构予以辅助。在这两个层面上，企事业单位以外的社会知识产权中介和代理机构的专业服务具有十分重要的意义，是知识产权得以体现其权利属性和资产属性的专业服务保障。

4.知识产权研究和教学人员

此类人员主要在高等院校和研究机构专门从事知识产权相关的学术研究和学历学位教育工作。我国知识产权教学科研机构已初具规模，在专科、本科、研究生等学历教育中设置知识产权（法）专业或者设置知识产权（法）方向的高校已经达到了100多所，再加上若干独立的学术研究机构，例如中国社会科学院等，这些高校和机构在知识产权人才培养、学术研究、学术交流和社会服务方面为我国的知识产权建设事业做出了很大的贡献。

二、关于加强知识产权专业人才建设的建议措施

近几年，国家和政府层面十分重视知识产权事业和知识产权人才队伍建设，近三年国务院出台的相关文件都非常具体地提出了加强知识产权人才培育的一系列举措。对上文提及的国务院相关文件进行分析和比较可以发现，对于知识产权专业人才建设，政策内容一次比一次丰富、要求一次比一次具体，涉及的问题也更加全面，充分体现了在知识产权人才问题上政府的顶层设计视角和国际视野。结合相关文件内容和实际情况，从不同的层次和主体角度出发，可以把我国加强知识产权人才建设问题归纳为以下几方面的具体措施：

1.政府层面

政府是知识产权人才队伍建设的体系策划者和政策制定者、实施者和推动者。在当前我国知识产权事业发展如火如荼之际，政府有必要也有能力承担起人才发展的支持和引导任务。具体来说，政府可以开展的工作包括以下几个内容：

在学历学位和素质教育方面，教育部及地方教育行政部门应该充分支持和引导知识产权专业在高等院校的设立和发展，在学科建设、专业设置、培养模式等方面进行扶持和引导；在素质教育和青少年知识产权知识普及宣传方面，积极开展中小学知识产权教育宣传的试点和铺开工作。

在社会在职培训方面，通过地方知识产权行政管理系统进行设计和落实，通过组织公

益培训、行业指导、标准化体系设计、政策优惠和奖励等手段，面向广大企事业单位开展在职培训，开展企事业知识产权人才、专利代理人才、知识产权行政管理和行政执法人员培训，以及知识产权联合培训工作。引导科技创新主体重视知识产权问题，提高知识产权意识，提升知识产权认知水平。

在人才引进方面，通过各类各层次的人才引进政策，有针对性地加强知识产权方面的优秀高端人才的引入工作。

建立知识产权人才评价体系，建立知识产权工程师技术职称，吸引相关人才进入知识产权领域，加强人才良性流动，根据市场和社会需要形成结构合理的知识产权人才体系。

建设知识产权人才库、专家库，将其纳入人才信息网络平台，利用互联网资源进行人才资源共享和人才自由流动的工作。

2.企事业单位层面

在知识产权成为企业重要无形资产的大背景下，企事业单位应当充分认识到知识产权人才队伍建设的重要性。企事业单位内部的知识产权人才建设主要通过两种途径：引入和培养。一方面，企事业单位应当积极引入知识产权专业人才，特别是招收知识产权专业的高校本科毕业生和研究生；另一方面，就是在机构内部加强培训，对现有的科技人员、管理人员和相关岗位人员进行在职培训。政府应当积极引导和帮助企事业单位建立不同层次、不同对象的培训服务体系，政府也可以提供公益性培训资源，起到引导和示范作用。针对有条件有规模的企业，应当建立系统完整的知识产权人才培训体系

企业应当建立针对三类员工的知识产权分层次培训：全体员工的基础岗位培训、中高层管理人员的知识产权管理制度培训、技术研发人员，以及知识产权专业人员的全方面专业培训，包括研发项目的知识产权管理、研究成果的保护、权利的申请和维护、侵权预防和风险控制等内容。

3.教育机构层面

知识产权相关教育机构包括高等教育和基础教育两个层次。高等教育方面，根据国家相关政策文件，已经明确了支持知识产权专业列入高校培养目录，并在学科建设方面提出了要求。目前有若干个知识产权人才培育的学位教育模式：①设置本科4年学制的知识产权专业；②设置知识产权专业的双学位或者第二学位；③本科是理工科学位，硕士攻读知识产权法律硕士；④本科是非管理类学士学位，硕士攻读知识产权管理硕士。南京理工大学知识产权学院在此基础上又开设出了"3+1+2"的知识产权硕士模式，即本科三年学习理工科专业，本科第四年学习法律基础知识，然后进入硕士阶段学习知识产权法律和知识产权管理内容。基于知识产权学科自身的跨学科性质，以上几种培养模式各有利弊。目前，仍可以维持几种教育模式的共存状态。随着时间的推移，再由市场和社会来选择最佳的培养模式。除了学历学位教育模式，也应当在理工科本科培养课程中设置知识产权专业

课程，能够起到基础性的宣传普及效用。

具体而言，针对知识产权自身的专业要求和岗位需求，高校知识产权专业人才的培养需要加强以下几方面的工作：①明确培养目标，注重理论和实践的结合，明确知识产权人才是知法律、懂经营、能管理的复合型应用型人才。②配备多学科、跨学科的教学团队和资源，集聚整合法学、管理学、科学技术基础理论等教学力量。③在课程设置方面，应当包含以下三个层次的课程体系：①法学和管理学基础知识；②知识产权必修课程（知识产权基本法律和国际条约、知识产权文献检索、知识产权侵权及救济等）；③知识产权特色课程（知识产权管理、专业代理人培训、企业知识产权战略、财务管理、市场营销等）。④在教学内容和方法上实现创新和突破，研究如何在本科培养方案中将知识产权相关学科理论知识体系进行有机整合，并在教学中加强实践实务教学，包括专利信息检索、专利申请和审查、专利说明书的撰写等实务技能培训。⑤加强硬件设施建设，包括建立相关信息数据库和实验室等。

第三节 科技评价体系中的知识产权评价体系建设

一、科技评价概述

（一）科技评价的概念和分类

按照科技部颁布的《科学技术评价办法》的定义，科技评价是由科技评价机构根据委托方的明确目的，按照规定的原则、程序和标准，运用科学、公正和可行的方法对科学技术活动及其相关事项所进行的论证、评审、评议、评估、验收等专业化评判活动。我国的科技评价大致经历了4个发展阶段：行政评价、同行评议、指标量化评价、科研计量评价。

就具体内容来说，科技评价是对科学技术活动及其产出、影响的价值进行判断的认识活动。科技活动产出的形式包括论文著作、专利技术和非专利技术知识、实物形态的产出。科技活动产出的影响主要体现在：科学技术自身发展以及对社会进步、经济发展、国家安全等各方面的影响。因此，科技评价的具体对象和范围包括论文、著作、引用、命名、科技奖励、人才评选、职称评定、项目评审、成果鉴定等。

从评价对象上考察，科技评价对象可分为以下五大类别：①科技计划评价（项目群，含综合计划和专项计划）；②科技项目评价（单个项目，含不同层次和类型的项目）；③科技机构评价（含机构诊断、绩效、状态评价）；④科技政策评价（单项政策、政策组合）；⑤区域科技竞争力评价（科技实力、投入产出、与社会经济发展的协调程度）。

考虑到科技评价活动能够在科技活动中对激励创新、提高投入产出效用的直接效果，这里以前三者为主要研究对象。原因与意义如下：此类评价活动的改进，能显著提高科研投入的资源配置效率，能够促进科研成果创造和生产力转化，最终带动行业创新和产业进步，能够促进对科学技术在社会和经济发展中重要作用的认同。

（二）科技评价体系

科技评价体系是指科技评价指标内容、组织机构、制度和职责、实施与控制机制、人员、信息和资源等一系列要素，按照一定的内部联系和流程组合而成的制度整体和职能系统。科技评价体系是科技管理体制的重要组成部分，随着社会对科技评价目的和功能认识的不断深化，其涵盖内容也日益全面，不仅要评价科研项目、科技人才、科研机构、科技成果和科研奖励等诸多方面及活动绩效，而且还要评价科技活动及其成果的创新程度。

（三）科技评价相关机构

我国现行科技评价管理和评价机构由国家和各省区市科技行政管理部门组成，实行以国家为主、统一领导、分级管理的原则。科技部是我国科技评价活动的行业主管部门。科技评价机构主要是在科技管理部门所属的有关单位，如：软科学研究机构、科技咨询机构、科技情报机构等部门的基础上产生的。这些机构对国家和地方科技政策、产业政策、科技战略、科技发展水平比较了解，与独立科研机构、高校、企业有着较紧密的联系，与有关专家接触较多，了解国内外科技、经济发展趋势，开展科技评价具有较好的基础。

二、知识产权科技评价体系的具体内容

对科技活动中的知识产权进行评价是一个组织化、系统化的综合过程，包括明确评价宗旨和目标，确定评价主体和评价对象，设计评价的标准、流程、指标体系和组织方式，选择合适的技术方法等内容。知识产权科技评价体系设计得是否科学、合理、高效，会直接影响到评价过程的顺利进行和评价结果的科学性。

（一）体系建立的宗旨和原则

确立知识产权科技评价体系的宗旨和目的，就是通过有效运用知识产权评价指标，提高科学研究活动的质量和效率，促进科研成果的产出；通过提高市场经济主体运用知识产权的能力，促进自主创新成果的知识产权化、商品化和产业化，实现和提高知识产权的市场价值，并最终促进经济和社会的发展。国家和社会科技水平的提高，产业化和经济的发展都与知识产权科技评价工作发展紧密联系，因此需要一个健全完善、功能完备的知识产权科技评价体系来支撑。

知识产权评价指标体系设计的原则是构建评价指标体系时必须遵守的原则。

1.科学性

一项评价活动是否科学在很大程度上依赖于其评价指标体系是否科学。科技活动中的知识产权指数评价指标体系必须从科技科研活动的本质出发，具备充分理论依据，以其内涵、理论和实践研究为基础，体现科研活动中知识产权发展的普遍规律和特征。要注意体系中各指标的内涵准确，内容完备，结构合理，各指标间要协调统一。

2.系统性

科技活动中的知识产权指数评价是相关要素系统发展的集成结果，其评价体系必须具有广泛的覆盖面，对相关各重要方面都有很强的反映功能。一个科学的知识产权指数指标体系并不是方方面面指标简单的集合体，指标之间必须相辅相成地从各个不同角度和层面来度量和评价科技工作中知识产权发展的综合实力。

3.可操作性

科技活动中知识产权指数评价体系的建立必须考虑其可操作性。这就要求每个指标具有可采集性，对于无法采集的指标只能退而求其次，用类似指标代替。指标的内容要容易理解，不能产生歧义，使所构建的指标体系在实践中较为准确和方便地运用。

4.可比性

科技活动中知识产权指数的评价结果必须有利于进行相同科技工作之间的横向比较。因此必须尽量采用国际通用或者相对成熟的指标，注意指标的内涵和外延，要考虑到其差别对评价结果合理性的影响。

5.可量化性

采取量化的方法，使用信息量具有一定宽度和广度的指标，侧重对不同层次、不同领域、不同行业的特点进行评价。

（二）评价对象

根据前文所述，科技评价对象可分为以下五大类别：①科技计划评价（项目群，含综合计划和专项计划）；②科技项目评价（单个项目，含不同层次和类型的项目）；③科技机构评价（含机构诊断、绩效、状态评价）；④科技政策评价（单项政策、政策组合）；⑤区域科技竞争力评价（科技实力、投入产出、与社会经济发展协调程度）。考虑到科技评价活动在科技活动中对激励创新、提高投入产出效用的直接效果，这里以前三者为主要研究对象。就科技评价中的知识产权问题而言，其评价对象与上述对象没有差异，主要针对科技计划、科技项目、科技机构这三类对象进行知识产权科技评价。

（三）评价主体

评价主体是指直接或间接参与评价过程并做出评价结论的人和机构。对于科技评价体系中的知识产权评价问题来说，评价主体包括科研机构、专家小组、政府部门、第三方中介组织等。20世纪90年代以来，随着新公共管理理论的兴起，科技工作和机构的绩效评价主体呈现出多元化的发展趋势。评价主体的多元化，是保证评价过程公开、透明、公正、客观的基础和前提。科技工作的评价主体，可以分为外部和内部评价主体两大类。

1.外部评价主体

外部评价主体，根据评价对象的不同，其人员机构组成有一定差别。①针对科技项目的评价，往往由政府或科研机构作为课题立项的验收部门，组织行业专家组成评审专家组，对课题是否立项、是否结题进行评价。在此过程中，并未对专家的专业构成、行业背景做出硬性要求。因此，无论是基础研究领域还是产业应用领域的计划项目，都很少出现知识产权专家。②对科研机构和科技活动载体（例如企业）来说，对其科技工作的评价，主要是以政府相关职能部门为主导，这些职能部门往往需要下拨资助资金、奖励资金以及颁发荣誉称号等，因此需要对科研机构或企业是否符合相关标准和条件进行认定。在此类评价过程中，知识产权专家出现的可能性越发减小。

2.内部评价主体

所谓内部评价主体，主要是指科研计划项目的实施者（机构或个人）。它既是评价工作的对象，又可以成为评价工作的主体，为项目的顺利实施开展评价工作。内部评价主体开展评价工作的优势在于：能够实施过程评价，能够比较全面细致了解相关情况，能够快速地对评价结果做出反应。其劣势在于：由于身份立场的冲突，可能导致评价结果不够客观和中立，评价流程可能存在随意性、不够规范的问题，导致评价质量不高。就知识产权问题而言，如果科研机构或企业内部自身配备有知识产权管理专职人员，在科技评价过程中出现知识产权问题就可以做出专业的评估和建议。但是如果没有配备专职或兼职人员，会导致科研机构或企业对于自身的知识产权工作把握不清。

综上所述，对于外部评价主体而言，需要在政府或第三方机构层面增加知识产权专业或有相关行业背景的专家参与到评价过程中来；对于内部评价主体而言，需要在机构内部配备专、兼职知识产权管理人员。这不仅是为了能够更好地促进科技工作中的知识产权管理，还能够提高评价结果的公正性和公信力。

（四）知识产权评价指标设置

1.评价指标设置原则

对科技计划项目和科研机构进行知识产权工作的评价，评价指标的设置应遵循以下原则：

（1）经济性和有效性原则

所依据评价的指标应当较为容易获取，且该数据或信息的真实性和准确性能够保证，从而使得评价工作能够顺利进行并取得预期效果。简单地说，就是评价指标的设置要易得且准确。

（2）共性与个性相结合

科技工作和活动内容复杂广泛，其表现形式和内容多种多样。在这种情况下，要对知识产权指标进行客观公正的评价，就必须全面考虑所有因素。对于科技计划项目来说，共性的环节是存在立项、实施、验收、成果运用等几个阶段，可以根据这些环节设置相同的知识产权指标，比如专利获取数量指标。但同时，由于科技计划和项目根据价值目标侧重点的区别，使得不同的项目具有各自的个性特征，有些项目偏重基础性研究，有些项目侧重产业应用性研究，因此对于后者需要在知识产权成果运用方面设置更多的考察指标。

（3）定量分析与定性分析相结合

对于科技工作的知识产权评价，应当以定量分析为主、定性分析为辅。定量分析建立在知识产权权利获取、知识产权成果运用的数据采集分析上；定性分析通过对知识产权成果和管理工作的全面综合分析，结合相关专家的意见，与定量分析相结合以评定知识产权的质量、发展潜力和对经济和社会发展的贡献度。当前，由于评价指标过多地侧重于量化指标，导致知识产权申请量逐年上升，但专利质量下降，甚至出现相当比例的垃圾专利。因此，不仅要对知识产权工作进行量化分析，还要对其进行质量分析。

2.评价指标体系

①评价的内容，主要包括对知识产权的拥有量、增幅、产业化效果，对经济社会发展的贡献等量化指标，按年度或者按照一定年限进行评估考核。②分类别计划项目知识产权评价指标体系。针对不同的科技计划项目和研究机构，知识产权指标设置可分为三大类别：基础性科技计划项目、应用型科技计划项目和科研机构载体。③评分标准。关于各项指标的权重设置，可以根据不同的评价对象和评价目标进行针对性设置调整。

（五）评价流程和方法

1.评价组织形式设计的基本原则

（1）事前、事中和事后评价相结合

事前评价是科技计划项目能否开展的决策依据；事中评价主要起反映和监督作用，对项目实施的情况进行监控；事后评价则主要起总结作用，对发展潜力好的成果进行推广运用，并对运用效果进行总结剖析。知识产权科技评价应当在这三个阶段都设置相应的评价指标。

（2）定期评价和经常性评价相结合

定期评价依据科研计划项目或者科研机构的阶段性特征，对知识产权工作的进展情况分阶段逐一评价。对科技计划项目而言，主要指立项、实施、结题、运用这四个阶段；对科研机构而言，主要根据一定时间段的工作目标进行定期评价，例如按月度、季度、半年、年度进行评价等。而经常性评价则注重实效性，可以随时发现问题，随时纠正调整，以保证工作目标的最终实现。

（3）自我评价和外部评价相结合

鉴于科技计划项目实施单位和科研机构对自身工作的熟悉和掌控，自我评价应当成为评价体系中重要的组成部分。自我评价可以由主管部门设计评价指标，由相关单位完成评价后定期上交报告，主管单位可进行抽查和实地考察，以保证自我评价实施的有效性。外部评价作为基本的评价组织方式，在现有工作制度基础上，应当增加外部评价人员的专家构成比例，尤其是知识产权领域的专家。可以邀请科研机构、高等院校、专业中介机构等行业内人士担任。

2.前期准备

（1）确立评价目标

此阶段任务为明确评价目标，例如，对知识产权的获取工作进行评价，考察是否达到数量上的增长和质量上的进步；对知识产权是否达到产业应用工作进行评价，考察是否成功进行了商业化推广并取得了经济效益或者产业结构优化的效果。

（2）成立评价组织机构

明确评价主体的构成，可以包括政府职能部门、专家成员、社会公众、同行业科研人员等。需要做好以下两个方面的工作：一是明确职能分工，例如政府相关部门进行评价组织工作，专家负责评定具体内容并出具评价意见等。二是做好评价人员质量控制。评价人员的素质直接关系到评价工作的顺利进行和评价工作的质量。无论是部门自我评价还是外部评价，具有丰富评价经验的评价人员队伍都是评价工作的坚实基础。

（3）确定评价对象

科技计划、科技项目、科研机构或载体（企业）。

3.评价方法选择

在确定评价目标、评价主体、评价对象之后，根据评价工作规范，针对具体的评价课题和目标，制订评价方案，设计具体的评价指标体系，确定评价标准，选定评价方法。制订的评价方案要经过专家咨询、论证。不同类型的评价对象要有针对性评价指标。评价方法主要有：历史动态比较法、绝对数存量横向比较法、专家评议法、目标实施与成果比较法、调查评分法等。

（1）历史动态比较法

主要是将历史数据和现有数据进行比较后，得出知识产权的增长速率和数量。如果评价期限较长，可以将每年度增长量进行比对，总结和预测发展趋势。

（2）绝对数存量横向比较法

将评价对象现有的知识产权拥有量与相同或相似项目、科研机构的知识产权拥有量进行横向比较，以判断其知识产权获取的状况。

（3）专家评议法

通过邀请在知识产权领域具有特长和专长的若干专家，对知识产权问题进行评价，并汇总专家意见。专家评议法适用于某些无法用定量方法进行评价的项目，例如，对经济效益和社会效益无法准确测算的评价对象，可以进行定性分析。专家评议法在具体应用过程中，应尽量邀请较多数量的专家，并采取当面讨论评议的方式，使专家的汇总意见趋于客观，提高专家意见的准确性。

（4）目标实施与成果比较法

通过比较科技计划项目立项时的预期目标与实施后产生的实际效果，确定是否完成目标，分析未完成目标的原因，从而得出评价结论。此方法是对计划项目评价的基础方法，也有利于项目最终目标的达成。

（5）调查评分法

对于某些无法量化评价的指标，而专家评议法又不适用，可以使用公众调查评分法。此种方法针对某特定群体设计调查问卷，发放收齐后汇总群体公众对某指标的客观印象或反馈意见，而后对调查结果进行分析定性，确定评价结论。例如，某产品或某科技成果是否为一般社会公众所知，是否达到相应的社会效果，等等。此种方法可以比较客观地了解较大范围受众的意见，但是对问卷设计、调查范围、调查方式等因素的技术要求较高。

4.评价步骤

根据评价规则和评价实施方案，一般的评价步骤如下：确定评价对象；组织评价主体；确定评价标准和指标内容；收集和上报资料；组织召开评审会；讨论汇总意见；对各种意见和调查资料进行整理分析；得出评价结论；形成书面材料并提交报告。

（六）支撑和保障条件

1.法律法规的完善

当前关于知识产权科技评价存在一定数量的法律法规条文，但是具体的评价指标体系和标准体系相关的法律法规并未出台。因此要加强此方面内容的立法和制度建设，尽快制定《科技评价中知识产权评价指标体系规范》等文件。

2.知识产权管理制度的成熟

通过科研机构的日常管理制度、项目实施单位的实施进程指导，提高项目的知识产权管理水平，针对不同计划、不同项目、不同机构的目标，总结知识产权管理工作的共性和特殊性，促进知识产权管理制度的进一步发展，同时促进科技评价中的知识产权工作的成熟。

3.专家库建设

同行专家评议制度是国内外通行且公认的评价方法之一。各职能部门、科研机构、项目实施单位应当逐步建立起知识产权行业的专家数据库，以便在进行科技评价时，能够及时快速地寻找到合适的专家作为评价人员，保证评价工作的顺利进行和评价质量。同时要对专家库实行动态管理，根据专家在每次科技评价过程中的表现、业务水平、工作态度等情况进行检测，及时更新、补充专家库。实行公示制度，以增强评价专家的荣誉感和社会责任感。

4.第三方中介机构体系和市场的成熟完善

第三方中介机构是科技评价过程中作用越来越重要的一个环节，其往往承担了政府部门没有能力做、评价对象又不能做的工作内容，包括技术咨询、专家库建设、中介服务等职能。知识产权是一个交叉学科，往往需要较为专业的人才资源作为支撑。中介机构经过长期的市场化运作，可以在以上方面提供支持。

5.社会环境建设

树立"知识产权促进科技创新"理念，在科技计划项目和科研机构工作中，培养和宣传知识产权意识，这不仅需要获得政府管理部门、科研活动实施部门的普遍认同，还要获得社会公众的理解和支持。

三、建立知识产权科技评价体系的政策建议

（一）法律法规的修订完善

对于科技评价中的知识产权指标融入，从横向维度考虑，需要相关法律法规就以下四个方面内容进行规定：知识产权的获取、知识产权的运用、知识产权的保护和知识产权的管理。就科技计划项目而言，从纵向维度考虑，需要就以下四个环节确定知识产权的评价指标：项目的申报立项、运作实施、结题验收、成果运用。

（二）政府政策文件的鼓励引导

我国目前关于科技工作的知识产权问题，在国家层面出台的政策文件中并没有专门提及。就实际工作需要而言，要加强科技评价体系中的知识产权评价内容，这需要政府相关

职能部门（科技部及其他相关部门）通过政策文件进行积极引导，并在各项计划项目的申报立项、运行实施、结题验收、成果运用方面融入知识产权指标体系。内容可参考前文设计的指标体系列表，根据各个计划项目和机构的实际情况进行调整。

（三）行政实践中的业务指导

除了完善法律法规，加强政策引导之外，政府部门应当在实际工作中进行行业务指导，聘请知识产权专家和技术人员在计划项目和科研机构评价工作中进行探索和尝试，逐步建立起一套完整的、有针对性的、设计合理且机制科学的知识产权科技评价体系。

（四）中介和市场辅助业务的完善

随着我国科技水平的提高和经济增长对科技发展的需求，科技评价作为价值评估、发展趋势判断、计划项目立项结题、科研机构发展战略的重要环节，其重要性更加重要。政府作为行政管理部门，囿于职能设定，又缺乏专业资源，无法承担此项工作。科技评价中介机构作为具有科技评价业务能力的社会服务机构，可以独立接收评价委托，有偿提供评价服务，满足社会的相关需求。但就现状而言，我国的科技评价中介机构和市场辅助机制还不够成熟，还未形成比较成熟的体制以全面扶持科技评价工作。因此，政府应当在人才、资源、资金等方面积极扶持科技评价第三方机构的成长，完善相关法律法规和政策文件，协助该市场有序良好地运行。

（五）知识产权培训和宣传

知识产权科技评价工作虽然专业性强，技术要求高，但是该项工作的顺利开展离不开社会公众对知识产权工作的支持和理解。只有普遍提高社会的科技创新和知识产权保护意识，才能在科研机构和项目实施单位内部形成良好的氛围，才能让知识产权在科技评价工作过程中得到充分重视，从而真正将知识产权评价有机融入科技评价体系当中。

第六章　科技创新项目管理

第一节　科技创新项目管理概述

一、项目管理方法简述

1.项目概述

项目具有以下一些特点：有一个明确界定的目标（范围、进度、成本三要素）；有具体的时间要求；有限资源（人、财、物）的约束；每个项目都有客户（一个人、一个组织）；项目包含一定的不确定性；项目具有独特性。

微观层次的项目：组织一场演出活动，开发一种新产品，项目的招投标，操办一桩婚事等。

宏观层次的项目：火炬计划、星火计划、863计划等各类科技计划，欧盟"第六框架计划"，世界银行实施管理的"消耗臭氧层物质整体淘汰计划"等。

宏观层次的项目是更高层面，更大范围的"项目"，在国际上也把这类项目归类为"伞形项目"（Umbrella Project），其含义是将宏观目标一致的项目组合比作一把伞，在其之下覆盖多个分项目，进行统一模式管理。

2.项目管理的九个知识领域

国际项目管理界的一个重要的、具有里程碑性质的事情就是美国项目管理协会（PMI）于20世纪70年代末和80年代初率先提出的项目管理知识体系指南和开展专业证书制度，简称PMBOK（Project Management Body of Knowledge）和PMP（Project Management Professional）。有人将PMBOK比喻为项目管理的圣经，是项目管理领域的一本权威出版物，该书强调了项目管理专业人员必须掌握的知识体系，共有9个方面：范围管理、时间管理、成本管理、质量管理、人力资源管理（团队建设）、沟通管理、采购管理、风险管理、综合管理。

范围管理就是界定项目的范围。其内容有计划、定义并确定项目范围、在项目进行过程中对项目范围的变更进行控制。

时间管理是项目管理的重要环节，是项目管理最重要的内容之一。其任务包括：给出项目各活动的定义和执行顺序，估计各活动所需时间，制订进度计划，控制项目进度计划的变化。常用的工具有：甘特图、里程碑表、网络计划技术等。

成本管理的目标是确保在预算范围内完成项目。其主要内容有：资源规划（确定各项活动需用何种资源，每种资源的需要量）、费用估算、费用预算和控制。

质量管理的目标是确保项目满足要求的质量。其主要任务有：质量计划编制，开展质量保证和质量控制活动（定期评价项目执行情况，监控项目结果以确定是否符合质量标准，消除导致不满意的原因）。

人力资源管理是确保与项目有关的所有成员发挥其最佳效能的管理过程。就项目内部而言，指团队建设；就项目外部而言，包括对咨询专家的使用和管理。

沟通管理是指对项目过程中产生的各种信息进行收集、存储、发布和最终配置。它是人、意见和信息之间的关键纽带，是成功所必需的。它包括项目团队内部人员的沟通，项目负责人与所在单位领导之间的沟通，项目负责人与客户的沟通，与项目各相关方的沟通等。

风险管理是一个包括风险识别、风险度量、风险应变和风险控制的过程。风险管理的作用是把项目发生不良后果的可能性减小到最小。

采购管理是确保项目进行过程中所需原材料、资源和服务得到满足的过程。包括采购计划、询价、检验进货、合同管理等。

综合管理是将项目管理的各个方面整合在一起的活动，其核心是权衡多个相互冲突的项目实施方案。协调项目管理的各个不同领域间的信息交流，有效地控制和管理项目进行过程中可能出现的变更。

3.现代项目管理为什么如此流行

（1）由现代项目的特点决定

现代项目，特别是科技创新项目有以下特点：高风险、高投资、高竞争、跨行业、跨部门、利益主体较多、多元投资等。以上特点决定了对项目时间、质量、成本的要求更高，管理协调难度更高，而现代项目管理正是通过有效的计划、组织、执行、监督和控制，充分利用有限资源的一种系统管理方法。

（2）现代项目管理是与时俱进、体现以人为本的

传统项目管理往往是以权威、权力来进行控制管理的，在这种环境下，人的创造性、积极性、主动性不易发挥。而现代项目管理强调以人为本，强调沟通，强调与项目相关人员的参与，参与计划，甚至部分决策，鼓励项目成员创造性建议，鼓励经过评估的风险。

现代项目管理的主要原理之一是，把时间有效、资源有限的事业委托给一个人，即项目负责人（项目经理）也是体现以人为本的另一方面。而在项目评估中，依靠专家同时规范专家行为也是以人为本。

管理方法的转变基于以下原因：①世界变化太快，管理者往往知识不够新，反应不够快，判断不够准，信息不够灵，时间不够多。因此，传统的管理者决定一切被替代为以人为本。②人们的理念、观念、价值观发生了很大变化，对组织的忠诚度下降，以人为本成了激励员工、留住人才的重要措施。

（3）现代项目管理往往借助外部资源提供跨职能部门的解决方案

波音747飞机的制造需400万余零部件，可这些零部件绝大部分不是波音公司内部生产的，而是由65个国家1500个大企业和15 000个中小企业提供的。我国四大飞机工业公司这几年承担波音737-300、737-700、757各机种的平尾、垂尾、舱门、机身、机头等零部件的"转包"生产任务。通过利用外部资源可有效降低成本，减少风险。

（4）现代项目管理在组织上是柔性的，可变化的，往往是扁平式的

如果问过去几十年人类最重大创新是什么？人们可能会开出一个长长的单子：集成电路、录像机、个人电脑、基因拼接、克隆技术、通信卫星、光纤、手机、因特网、信用卡、5G等。但有一项创新不易记起，有了它，才有上述奇迹，那就是组织结构的创新——扁平式、网络状。

在项目组织内部，其组织结构一般采取扁平式组织结构，组成跨部门复合型开发团队，不同职能部门的人组成项目团队，各部门网络状沟通，衔接断层。

二、科技创新项目管理的特点

（一）科技创新项目的特点分析

科技创新项目具有创新性、复杂性、综合性等特点，项目风险巨大，不确定性和风险因素多，项目技术含量高，涉及知识产品、科技人员的管理。科技创新项目的管理，除了具有一般项目管理的基本框架外，还应突出强调以下三个方面：

1.创新管理

创新管理一方面是采取各种有效的措施，创造良好的创新体制和环境，灵活的反应机制，使创新活动在复杂的智力系统中达到最佳的效果；另一方面，这种创新管理也包括管理上创新，即探索一种有利于目标实现的有效管理组织形式。

在创新方面具体地说有人才激励和评价机制、培育创新文化、项目组织向学习型组织转化、鼓励项目成员进行创新和实验，以及对失败的宽容等。

2.知识管理

对于科技创新项目来说，知识就是它所拥有的专利，技术诀窍，创新开发能力，营销能力、商标和管理者的管理能力等。这些资源不像传统的资源那样有形可计价。因此在管理上也必须有新观念。知识管理就是对一个项目所拥有的知识资源，如何进行识别、获

取、评价，从而有效发挥作用的管理过程。

时常发生如下情况：一个技术人员利用自己的职务发明创办了私有企业；在一个IT项目中，一个重要的技术骨干中途跳槽导致重大损失。如果我们加强知识管理，在科技项目合同中明确界定职务发明的含义，约定双方的权利和义务，充分重视职务发明人的地位和作用，加强技术文档的管理，那么上述情况或许会大大减少。

3.风险管理

美国3M公司总结发现：其公司平均每十个R&D项目中就有九个失败。美国Standish Group对信息技术项目的研究表明：只有16%的项目实现其目标，50%的项目需要补救，34%的项目彻底失败。

科技创新项目存在大量的不确定因素或风险。风险因素可归纳为三大类：技术风险、管理风险和市场风险。

当一个项目进入一个新领域，达到一个高度复杂新系统时，技术上的风险是最高的。例如，数百万美元开发的集成模块，实验研制的飞机模型在实际使用时发现故障太多；刚刚研制出的生物技术可用于人体免疫系统，却得知某科研机构有了更大的突破等。这些因素都可能造成项目的失败。

管理风险主要指对科技创新项目拙劣的风险管理技能，对信息收集的不充分。例如，对项目组人员的技术能力不了解，项目进度把握不够，不能预测和控制成本，对该项目的前沿水平了解不足等。

对科技创新项目而言，风险管理是不可或缺的支撑工具，是管理的核心需要。

科技创新项目的风险管理可分为风险的识别、风险的评估、风险的应对三个部分。①风险识别是一个辨别和预测潜在的风险以避免意外发生的过程；②风险评估是尽力去识别风险的大小和发生概率，并预计其对项目的影响；③风险应对计划是对各类可能出现风险的应对策略。

对科技创新项目的风险管理应从项目的可行性研究、立项等源头入手，对项目实施全方向、全过程的监管和控制，借鉴美国风险投资的经验，可以实行组合投资、联合投资、分阶段投资的方法以有效降低项目的风险。

（二）科技创新项目管理的难点和存在的问题

①科技创新项目涉及各领域很强的专业知识，这给管理带来了极大难度，对参与管理和监管的专家的业务提出了更高的要求。俗语说：隔行如隔山。即使同一领域，同一专业但不同方向的专家，往往只是准专家。更何况监管对专家来说也非本职工作，只是临时性的短期行为。②科技创新项目涉及敏感的知识产权问题，如项目核心技术、工艺流程等，哪些可监控、哪些不可监控也是问题，这些问题给项目的过程监控带来困难。③科技创新

项目管理还没有建设起一套行之有效的风险监控体系，风险管理缺乏制度化，风险意识薄弱，目前还缺乏规范而有效的风险管理技术和措施。④目前的科技项目管理往往局限于评估、监督的范畴。⑤对科技创新项目的管理的认识有一种误区，认为对科技活动符合"黑箱管理原理"，即外界对科研创新活动的中间过程几乎是不可观、不可控的，因此对"黑箱"内部运作状态少做检查和控制，而把希望寄托在研发人员的"自由创作"和项目团队的内部管理上。认识上的这种误区体现出来往往是重立项、轻管理，重鉴定验收而轻过程。因此，一旦项目运行存在偏差，只能在项目完成后被发现，甚至无法纠正。

第二节　科技创新项目流程管理

一、项目流程

尽管国家各部门、各地方的科技创新项目管理流程不尽相同，但大致可以分成以下几个阶段：项目调研→发布项目指南→项目受理和评审→立项→实施→实施监督→结题验收和后续发展。

二、科技项目立项评审管理

（一）可行性研究

目前，我国各类科技项目立项之前，须由专家对申请项目进行可行性研究和评估。由相关的科技管理部门（如计划部门）负责组织或委托有关机构进行可行性报告的论证或评估工作，作为立项决策的参考依据。

可行性研究是由国外引进的词，英语为 Feasibility Study，是项目投资决策前进行技术经济论证的一种科学方法和工作阶段。可行性研究工作最早是在20世纪30年代美国开发田纳西河流域时开始试行，取得明显的经济效果。20世纪中期后，可行性研究不断地得到充实、完善和发展，逐步形成了一套系统的科学研究方法。

随着市场竞争的加剧和市场机会的风云变幻，21世纪的可行性研究将不再仅仅是就项目本身做技术、经济、社会效益的可行性分析，可行性研究将越来越重视评估项目对快速变化的市场的适应能力，评估项目本身的可持续发展与社会经济发展的协调性。经济效益、社会效益、环境效益兼顾，局部利益和全局利益协调等具有"双赢""多赢"目标的项目将受到推崇（调整产业结构、转变增长方式、建设资源节约型、环境友好型）。

可行性研究的内容，因行业、项目性质和规模的不同而不同，但基本内容都是相近的。申请我国科技部、自然科学基金、地方科委的科研项目时，必须同时提交项目申请书和项目的可行性研究报告。以面向市场的应用性科技项目为例，项目可行性研究报告主要包括以下内容：①项目是否符合我国社会、经济和科技自身发展的需求，是否具有创新性？从评估管理的角度看，创新是首要条件，评审专家首先看有没有创新，其次就要看创新是否可行。创新是在一定范围内做别人没有做过的事，要论证其可行性，一是理论上的逻辑分析，二是依据类似经验的判断，三就是提供有关预期成果的依据或说明。如前期预研工作，有一定的工作基础，有或多或少的成果或结论，如计量检测结果，节能、节材等方面的数据都是很好的论证材料。②项目是否和市场对接。一项应用性科研成果是否真正有突破性创新，一个重要的因素就因其来自市场需求。例如，许多高产优良农作物和畜禽品种容易在生产中推广，甚至"不推自广"。为什么许多高效低残留农药、肥料、高效饲料、兽药等新产品在市场上成为抢手货，其根本原因是项目来源于市场。部分项目的"起点"就偏离了市场，没有围绕工农业生产难题展开，也就不会出较"硬"的创新成果。世界发达国家的70%～80%的研究开发项目直接来自市场和企业需求，值得我们借鉴。③项目负责人和项目团队是否具有较高的素质和进取精神。在房地产项目中，最重要的考虑因素是位置、位置、还是位置，而在科技项目中，最重要的是人、人、还是人，是负责人的学术水平、组织能力、积极心态，以及项目团队的主动性、合作性和创新性。④项目是否具有良好的研发条件，能否充分利用现有的基础和条件开展研究工作。

（二）科技创新项目的立项评审管理

科技创新项目管理的源头是立项，关于项目立项的重要性无论如何评价都不过高。以下关于扁鹊三兄弟的一段小故事，很有哲理。

春秋战国期间，有一次魏文王问名医扁鹊说："你们家兄弟三人，都精于医术，到底哪一位医术最好呢？"扁鹊回答说："我大哥治病，是治病于病情发作之前。由于一般人不知道他事先能铲除病因，所以他的名气无法传出去，只有我们家里的人才知道。我二哥治病，是治病于病情刚刚发作之时。一般人以为他只能治轻微的小病，所以他只在我们的村子里才小有名气。而我扁鹊治病，是治病于病情严重之时。一般人看见的都是我在经脉上穿针管来放血，在皮肤上敷药等大手术，所以他们以为我的医术最高明，因此名气响遍全国。实际上，我大哥医术最高明，二哥次之，我最差。"文王连连点头称道："你说得好极了。"

这个小案例告诉我们：事后控制不如事中控制，事中控制不如事前控制。联系到科技创新项目管理：科学正确的项目立项决策这一事前控制环节尤为重要，如果一开始立项就错了，就会造成严重的后果。

（三）科技项目立项管理

科技项目立项管理主要包括以下几个方面：立项过程体现"公开、公正和透明"原则；立项评估的科学性和立项过程监管的严肃性。

针对科技创新项目立项中存在的问题，科技部和各级科技管理部门已经采取了一些改进措施，以确保立项环节全程的公开、公正和透明。具体有以下一些措施和建议：①充分利用信息网上公示（网上申报、网上受理、网上评审）等手段，提高科技创新项目管理的公开性与透明度。凡不涉及保密的科技创新项目的申报、立项等信息，都要向社会公开，接受社会监督，形成行为规范。②积极推动建立跨部门的科技项目数据库。针对科技项目立项中多头立项、重复立项的问题，推进科技项目共享数据库的建立，为解决重复问题提供必要的技术支撑。③加大竞争性项目的招投标力度。④建立统一的评审专家库，要按照国际上通行的做法，进一步完善评审机制，建立专家库随机抽取制度、定期轮换制度、涉嫌回避制度（如评审专家应来自不同的单位。允许项目申请人提出须回避的评审专家，但不超过两人等）、规范专家的行为等。⑤引入科技中介服务机构协助科技管理部门管理科技项目，如项目的遴选、论证、评估、招投标、实施管理。⑥对探索性强的"非共识"项目的立项，应经过特定的程序（如邀请海外学者参加、开听证会等方式进行评议）提供一定额度的资助，促进人才的脱颖而出。⑦建议对重大项目增加"人大监督"这一环节，发挥人大监督科技工作的职能，对相关科技管理部门遴选出的专家进行审核。决策部门复审通过的项目还可递交人大与地方财政部门，对项目预算情况做进一步审核。

三、项目过程管理

在科技项目立项并开始实施后，监督和控制实施过程就成了项目管理的首要问题。科技创新项目本身的巨大风险决定，再好的计划也不可能预见到所有问题并事先制定出对策。所以，对项目实施全过程的监督和控制，在科技创新项目的管理中显得尤为重要。

（一）新时期的改革措施

随着政府职能的转变，科技管理体制改革，社会中介机构的发展，项目的监管工作获得明显发展和进步，科学监督的认识也已有较大的提高。

首先，科技创新项目管理监控应是开放的，多元组织的共同协作，是政府、机构和公众的共同监督。监控责任不是由一个监管单位独立承担的，而是由项目实施关联者共同承担的。其次，科技创新项目的监控应属于过程型监控，需要在项目的实施过程中进行动态的监控。最后，应从监控法规、监控标准、信息体系和监控方法、监控对象等方面建设完备的监控系统。

为进一步使科技项目监控管理科学化、制度化、规范化，提出如下改革建议：①采用节点检查制度，分阶段资金投入。每个项目事前根据计划确定若干个里程碑（阶段性成果）和实现期限，应根据上述节点对项目进行阶段性评估，达到要求标准后再投入下一阶段资金。实行资金投入与项目绩效相结合。即采取滚动支持、动态调整、分阶段投资的方法。②在科技创新项目实施过程管理中，引入重大科技项目管理的监理制度。③加强项目实施与管理的风险意识，制订项目风险管理计划，实施项目的全过程风险管理，切忌对潜在风险听之任之。

目前，在建筑业、金融业已广泛采用了监理制，部分国家科技计划在组织管理过程中也进行了有关监理工作的尝试。

监理方一般具有很强的行业技术背景和咨询能力，其作为项目的第三方，以诚信、公正、科学、守法为工作准则，对项目实施的全过程进行监督，其监理的具体内容有：监督项目的实际投入，保证投入合理性，监理项目进展、执行情况和计划是否相符，监理技术水平和经济技术指标完成情况。发现和查找项目实施中的困难和阻力。通过对项目的现场检查、上报资料的分析和整理、填报《项目监理报告》以作为项目主管部门决策的依据。

（二）建立项目诚信管理体系

我国科技在改革开放以来取得了巨大的成就，各类科技计划项目获得了显著的效果，这是和广大科技工作者的辛勤努力分不开的。但也要看到，当前科技界违背科学道德规范、败坏学风的不端行为的现象时有发生。一些人急功近利，心浮气躁，科研成果粗制滥造；不顾科研工作的职业操守，弄虚作假，欺骗社会大众。问题涉及项目申请、研究实施、项目评审、成果宣传等多个方面，尽管这种现象在科技界还是极少数，但对科技事业的危害性不容低估。

而项目实施中的不端行为往往不但涉及一个研究团队，还涉及一定数额的国家资助的研究经费，性质尤为严重和恶劣，应该重点查处。

为把对科研不端行为的调查和处理纳入法制化的轨道，科技部最近颁布了科研不端行为处理办法。其中主要内容有：①该处理方法的适用范围为科技部归口管理的国家科技计划项目的申请者、推荐者、承担者在科技计划项目申请评估评审、检查、项目执行、验收等过程中发生的科研不端行为。②科技部、行业科技主管部门和省级科技行政部门、项目承担单位是科研不端行为的调查和处理机构。③科研不端行为，是指违反科学共同体公认的科研行为准则的行为。⑤任何单位和个人都可以向科技部、省级科技行政部门、项目承担单位举报在项目实施中发生的科研不端行为。鼓励举报人以实名举报。⑤承担国家科技计划项目的科研机构、高等学校应当建立科研诚信管理机构，作为项目立项的条件之一。⑥项目承担者在申请项目时应签署科研诚信承诺书。⑦处理机构应当根据其权限和科研不端行为的情节轻重，对科研不端行为人做出处罚。处罚内容包括警告、通报批评、记过、禁止其一定期限内参加国家科技计划的科研项目、解聘、开除等。

（三）完善项目专家咨询机制

为提高科技项目管理工作的科学性、公正性及社会参与程度，项目管理应当引入专家咨询机制。

科技项目在可行性论证、立项审查、招标投标、评估、中期检查、项目验收等环节可以组织专家咨询活动。专家咨询意见应作为科技管理与决策的参考依据。尤其是创新性的工作，同行专家评审往往是最具决定性的一环。从这个意义上讲，没有专家，就无法取得客观的评价，就增加了项目管理的难度和风险性。因此，专家的作用不可低估。

另外，也应看到专家并不是生活在真空之中。来自周围的、来自上下级的打招呼，使专家在评审下笔时万分为难。抬一抬可使人入选，压一压也可以使人出局，得失之间，顾虑是很多的。而且同行之间难免有过去的恩怨亲疏，有的专家只对评审费负责，有钱就评审，使一些评审结果不具有公正性。因此，在充分重视、依靠专家的同时，又要规范专家的行为。

近年来，科技部在完善专家评审机制、规范专家行为等方面相继出台了一系列政策性文件，并在实践中取得了很大成效，有的还待进一步落实和试点。

具体的措施有：①委托方或受托方根据需要可以在评价前或评价后以适当方式向社会公布评价专家名单，以增强评价专家的责任感和接受社会监督。②建立统一项目咨询评审、验收专家库，扩大战略专家和一线专家参加的比例。参与具体评价活动的专家一般应从专家库中依据要求和条件随机遴选。③与被评价方有利益关系或可能影响公正性的其他关系的评价专家不能参与评价。已经遴选出的，应主动申明并回避。④委托方或受托方组建的常设评价专家委员会或专家组应定期换届，其成员连任一般不超过两届。⑤对于无保密要求的重大科技项目的遴选与评价，以及对重要"非共识"项目的评价，可邀请一定比例的境外专家参与。⑥加强专家的信用管理。参加鉴定评价的专家要为自己的签字负责，杜绝签人情字、金钱字、权力字。⑦建立评价专家和评价机构的信用档案，建立专家的违规和失误记录档案。对极少数专家的违规行为，视情节轻重加以严肃处理。

（四）建立过程跟踪验证机制

各级政府组织开发实施的重大项目、重点项目，项目投资很大的，在组织专家召开鉴定会或验收之前，除原来要求提供的鉴定材料外，还要增加三份报告。一份为项目成果验证报告，由临时组成的验证小组出具。验证小组成员在专家库中随机抽取，资质经项目完成单位认可，排除同业嫌疑。验证小组对项目开发的全过程进行检查验证，必要时按提交的鉴定工艺文件重做一遍，能重现成果的，提交项目验证报告：否则不验收。如果某项目的验证需要很长时间才能完成的，则在项目完成的全过程中设置一些见证点，经项目管理中心委派的专家签字认可后才可以进入后面的研究。这方面可借鉴军工项目的管理流程。

第二份报告由各项目管理中心（政府委托平时管理项目的单位）出具，内容为项目管理中心平时对项目完成情况的抽查结果，如同工程监理公司一样，对项目的真实性负有监督见证的责任。

第三份报告由项目所在单位出具。项目所在单位对项目成果的真实性负有不可推卸的责任。要改变目前少数单位重项目争取、轻项目管理的现象，项目所在单位不能光对项目经费抽取管理费就了事，要承担起平时对项目的监管责任，在提交政府鉴定或验收之前，要组织自身的预验收，谁认可谁签字负责项目成果的真实性。

一般项目除原来要求提供的鉴定材料外，只要增加后两项报告即可，节约人力物力。

四、项目后程管理

这里我们以项目验收为例来对项目后程管理进行介绍。

（一）验收的组织工作程序、验收内容

国家科技计划的项目验收的组织工作，由科技部专项计划部门委托项目组织实施管理机构组织进行。对跨行业、跨省市的重大项目的验收，应由科技部专项计划部门负责主持。

项目验收以批准的项目可行性报告、合同文本或计划任务书约定的内容为基本依据，对项目产生的科技成果水平、应用效果和对经济社会的影响、实施的技术路线、攻克关键技术的方案和效果、知识产权的形成和管理、项目实施的组织管理经验和教训、科技人才的培养和队伍的成长、经费使用的合理性等做出客观的、实事求是的评价。

项目验收程序，一般应符合下列要求：①项目验收工作须在合同完成后半年内完成。②项目的承担者，在完成技术、研发总结基础上，向项目组织实施管理机构提出验收申请并提交有关验收资料、数据和一定形式成果（样机、样品）。③项目组织实施管理机构审查全部验收资料及有关证明，合格的向科技部专项计划部门提出项目验收申请报告。④科技部专项计划部门负责批准项目的验收结果。

项目组织实施管理机构在组织项目验收时，可临时组织项目验收小组或委托中介评估机构。有关专家成员由项目组织实施管理机构提出并经科技部专项计划部门批准后聘任。项目验收小组应由熟悉了解专业技术、经济和企业管理等方面专家组成。

验收小组的全体成员应认真阅读项目验收全部资料，必要时，应进行现场实地考察，

收集和听取相关方面的意见，核实或复测相关数据，独立、负责任地提出验收意见和验收结论。

项目组织实施管理机构根据验收小组、评估机构的验收意见，提出"通过验收"或"需要复议"或"不通过验收"的结论建议，由科技部专项计划部门审定后以文件正式下达。

项目产生科技成果后，应当按照科学技术保密、科技成果登记、知识产权保护、技术合同登记、科学技术奖励等有关规定和办法执行。

（二）项强化科技创新项目的结题验收管理和成果登记

目前，一般的科技项目的结题验收比较"松散"，没有专家评议，没有一个统一、规范的评价机制，造成项目验收报告的"效力"不足。科技项目结题验收应建立一个统一、规范的评价机制，通过制定合理的评价指标内容，依靠专家评价，产生具有足够"效力"的验收报告。通过结题验收的，即可进行成果登记，上网发布；未通过的，按立项合同约定处理。

第三节 科技创新项目绩效管理

一、科技项目绩效管理的含义

（一）什么是科技项目的绩效

在管理实践中，经常会听到"绩效"一词，那么，绩效究竟是什么呢？通俗地讲绩就是成绩，效就是效率。在国外以实践为导向的论著中，大多数认同"绩效是结果"的观点。在《卓越绩效评价准则》中，又把结果绩效分为顾客满意程度、产品和服务的绩效、市场绩效、财务绩效、人力资源绩效、创新性绩效、过程绩效及组织的和社会责任等方面。同时，科技项目在实施过程中具有创新性、不确定性等特征。因此，在评价科技项目绩效时，除了用在立项过程中设定的目标来衡量项目产生结果外，还要考虑项目的创新性绩效。

（二）什么是科技项目绩效管理

科技项目绩效管理包括项目的绩效评价和管理两个方面，而绩效评价与管理应贯穿于科技项目的全过程。这里"全过程"概念包括项目立项、实施、结题和跟踪过程。科技项目全过程绩效管理就是将科技活动看作一个连续的、相互关联的系统过程，对政府投入的科技项目的研究工作及其成果应用所涉及的全过程和相关影响因素予以全面分析，建立比较完善的综合体系，建立健全科研工作全过程的监督管理，运用科学管理手段进行科学的绩效评价。

二、科技项目后评估（跟踪评价）

（一）科技项目评估的作用

科技部颁布的《科学技术评价办法》规定："对重大科技项目可根据需要在结题后2～5年内进行后期绩效评价。"科技项目跟踪评价是科技活动完成一段时间后的后效评价，是科技评估工作的重要组成部分，它主要是对科技项目产生的效益进行全方位的评定，从反馈的角度为科技管理部门提供决策、修改政策方面的依据。实施科技项目后评估是认识科技发展特征、改善科技管理，以及促进科技项目产业化的需要，同时还是评价考核科技活动的重要手段和尺度。

科技项目后评估工作在国外受到广泛关注与重视，如NIST对ATP项目的总体效益进行了跟踪评估。该计划的评估分为ATP计划本身活动，产业界的实施完成情况，项目对经济的长期影响等五个方面。NIST评估研究认为，ATP激发了的研究与开发，缩短了企业R&D周期，创建了企业间合作联盟。在国内，科技项目评估的工作起步相对较晚，中国科技评估中心、同济大学中国科技管理研究院、天津市科技评价中心等单位的科技评估研究工作走在国内前列。

（二）科技项目后评估应遵循原则

1. 系统性原则

指标的设置应围绕评估目的，客观、真实、全面地反映科技项目的属性，必须对经济、社会和生态效益进行评估。

2. 可操作性原则

可操作性包层两层含义：一是资料数据的易得性；二是指标容易量化。要便于他人进行操作和利用。

3. 定量、定性相结合原则

鉴于科技项目的复杂性和多领域性，仅用定量指标来表达项目绩效往往不全面，还需要定性指标来描述。对需要定量化的定性指标，可以通过采取打分或评级评估方法将之定量化。

4. 分类评价原则

科技项目可分为基础研究项目、应用研究项目、产业化研究项目、科技合作计划项目等，不能用同一评价指标体系来对不同类型科技项目绩效进行后评估。应该有针对性地确定各类项目相应的评价指标体系，从而保证评价结果的科学性。

（三）科技项目后评估的程序

1.组织绩效评价工作组

科技管理部门选定绩效后评价的项目，自行组织或委托科技中介机构组织，成立由技术专家，财务专家、专业评估人员组成的绩效评价工作组，制订评价工作方案，确定评价指标和评价方法，下达项目后评估通知书。

2.项目承担单位自评

项目承担单位根据后评估工作要求开展项目实施情况自评工作，报送自评报告及有关材料。

3.检查与核定

绩效评价工作组根据项目承担单位自评情况，进行现场勘察和基础数据核实工作。

4.综合评价

后评估工作组针对基础资料和数据进行分析评价，确定项目评价结果，形成报告报相关科技管理部门审定。

5.评价总结

评估工作组从评价中总结经验，发现问题，提出改进措施，完善管理办法，提高项目管理水平，同时将评价工作资料归档备案。科技管理部门将评估意见反馈给项目承担单位。

（四）科技项目后评估指标体系

科技项目后评估指标体系主要包括科技项目的科技成果、经济效益、社会效益三个一级分指标体系，以体现被评估的科技项目对科技发展贡献情况，对经济发展的贡献情况，以及对社会进步的贡献情况，从而全面反映科技项目的综合产出。并且在三个一级指标下包括若干个二级指标以及三级指标。不同类型的科技项目应有不同的后评估指标体系，各指标应占有不同的权重。

参考文献

[1] 刘传铁，徐顽强.基层科技管理体制机制创新研究[M].北京：科学出版社，2017.

[2] 中国国防科技信息中心.国防科技管理领域发展报告[M].北京：国防工业出版社，2017.

[3] 黄毅华.以创新为导向的科技管理探究[M].长春：吉林大学出版社，2017.

[4] 张靖庚.科技期刊研究与管理[M].兰州：甘肃科学技术出版社，2017.

[5] 黄卉.科技馆管理与服务问题研究[M].天津：天津科学技术出版社，2017.

[6] 徐云，孙爱萍.科技档案管理实验教程[M].北京：北京师范大学出版社，2017.

[7] 孙建军，裴雷，王铮.科技报告质量管理理论与实践[M].北京：科学出版社，2017.

[8] 韩缨.科技管理制度中的知识产权管理问题研究[M].杭州：浙江大学出版社，2018.

[9] 丁建定，柯卉兵，沈燕.典型国家科技人才开发与管理机制研究[M].武汉：华中科技大学出版社，2018.

[10] 陈新红，孙雅欣.科学基金项目档案管理调查研究·以科技信息资源管理为视角[M].北京：知识产权出版社，2018.

[11] 张利荣.科技管理工作思考与实践[M].南昌：江西科学技术出版社，2018.

[12] 科学技术部人才中心.现代科技创新管理概论[M].北京：科学出版社，2018.

[13] 洪昆.科技项目信息化管理模式研究[M].昆明：云南科技出版社，2019.

[14] 李曦寰.从进度到进步·解析金融科技项目管理[M].北京：中国金融出版社，2019.

[15] 黄灿彬，杨志丹.同路人大学生交通科技创新作品集·规划管理[M].上海：同济大学出版社，2019.

[16] 杨宁祥，陈英红，梁敏健.事业单位科研管理与科技成果转化[M].北京：中国标准出版社，2019.

[17] 白丽英.科技人才协同创新行为管理研究[M].北京：高等教育出版社，2019.

[18] 王宏杰，张俊飚.中国农业科技自主创新管理体制研究[M].北京：人民出版社，2019.

[19] 许秀梅，孙瑜.科技大数据服务平台建设与运作管理研究[M].北京：中国财政经济出版社，2019.

[20] 刘英茹.科技计划引入第三方管理研究[M].赤峰：内蒙古科学技术出版社，2020.

[21] 成森.科技评估质量管理研究[M].武汉：武汉理工大学出版社，2020.

[22] 程杰.科技期刊编校工作规范化管理[M].沈阳：辽宁大学出版社，2020.

[23] 喻登科.科技成果转化中的知识管理绩效评价[M].北京：经济管理出版社，2020.

[24] 孙锐.中国科技企业战略人力资源管理、组织情绪能力及其对创新的影响[M].北京：经济科学出版社，2020.

[25] 周琦，潘澍之，袁程炜.高校科技管理实践与创新[M].北京：中国商务出版社，2021.

[26] 张士运.科技情报与危机管理[M].北京：北京交通大学出版社，2021.

[27] 陈光.科技规划的目标管理与评估机制研究[M].北京：北京理工大学出版社，2021.

[28] 李海峰.国研文库·科技项目管理中的知识共享研究[M].北京：光明日报出版社，2021.

[29] 王俊鹏.重大科技工程技术创新系统的组织协同管理研究[M].北京：北京理工大学出版社，2021.

[30] 宋立荣.信息质量管理成熟度评价研究·以我国科技信息资源共享项目为例[M].北京：科学技术文献出版社，2021.